洞察社交

刘延军 著

INSIGHTS
INTO
SOCIALIZATION

上海交通大学出版社
SHANGHAI JIAO TONG UNIVERSITY PRESS

内容提要

本书通过对社交行为的观察来深入剖析社交的内在逻辑,指出信任和权力贯穿了一切社交行为,阐释了信任和权力在群体社交、职场关系、夫妻关系、亲子关系中扮演了怎样的角色,从底层逻辑帮助读者认识并解决由于信任和权力使用不当造成的社交问题,帮助读者构建更开放的心态,从社交中获得幸福。

图书在版编目(CIP)数据

洞察社交 / 刘延军著. 一上海:上海交通大学出版社,2022.7
ISBN 978 - 7 - 313 - 26653 - 8

Ⅰ. ①洞… Ⅱ. ①刘… Ⅲ. ①社会交往—通俗读物
Ⅳ. ①C912.3 - 49

中国版本图书馆 CIP 数据核字 (2022) 第 037993 号

洞察社交

DONGCHA SHEJIAO

著　　者:刘延军			
出版发行:上海交通大学出版社	地　　址:上海市番禺路 951 号		
邮政编码:200030	电　　话:021 - 64071208		
印　　制:上海天地海设计印刷有限公司	经　　销:全国新华书店		
开　　本:710 mm×1000 mm　1/16	印　　张:16.75		
字　　数:234 千字			
版　　次:2022 年 7 月第 1 版	印　　次:2022 年 7 月第 1 次印刷		
书　　号:ISBN 978 - 7 - 313 - 26653 - 8			
定　　价:58.00 元			

献给陶旻

序

> 我们在反思，什么是一段关系？我们重新思考有关亲密感和真实性的问题。

> ——雪莉·特克尔

社交对大多数人来说，就像一部手机，经常使用它，却对它的内在结构不甚了解。社交关乎一个人的社会关系、收入、地位和名誉，生活中的一切几乎都发生在社交行为中。同时，我们还不得不面对在社交中出现损失的风险，这意味着，社交是具有风险的，而我们应对这种社交风险的办法，往往是"不要相信陌生人"。

所以，面对这些社交得失，我们大多数人都处在小心谨慎的算计里，这倒不是说人们在不择手段地攫取他人的财富，而是常常会担心自己的利益受到损害。我们都是一个个包裹着"防弹壳"的俄罗斯套娃，将真实的自己隐藏在最里面。

我们不能够相信别人，甚至害怕被别人相信。如果一位老人倒在地上，人们的第一反应是先拍照取证，然后才考虑是否应该去帮扶老人。我们也害怕别人来帮助我们，因为我们不知道我们是否会因此受骗上当。现代社会，大多数人成了一个个"刺猬"，一遇到风险，先把自己藏起来。

我也曾是如此，战战兢兢地生活，直到我遇到自己的爱人。她改变了我对人生的看法，改变了我对待他人的态度，让我从一个"刺猬"，逐渐变得可以平静地张开双臂，接纳他人、关心他人，而不再羁绊于个人的得失。

于是，我发现自己更加自由了，发现自己充满了更多的力量。之前的过度犹豫谨慎，消耗了我过多的精力，而现在，我可以专注于人生中更有意义的事。这是如何发生的呢？是什么改变了我呢？

当我不断探究自己的变化，探究我爱人身上展现出来的清晰的力量，我发现，那就是"信任"！

信任让我变得强大，让我变得更受人欢迎，让我变得心无旁骛，自由地面对其他人，自如地处理各种事务。在社会关系中，信任让我更加开放，更加乐于帮助有需要的人们，虽然我会失去一些东西，但却给我带回了更多的幸福感。这是意料不到的收获。

那么，"信任"究竟是什么？为何信任可以给人带来幸福和美好的情感？信任是如何使人更受欢迎？人们如何可以获得更大的信任？

如果有几个人，他们都正直友好，但是有的人做事果断坚决但会冲动，有的人做事犹犹豫豫但很认真，有的人做事过于谨慎但有章法，有的人遇事胆小但不损人。你会与哪一个人交往呢？你的选择标准是什么？

如果你的选择标准是对这些人的评价，对不起，你很可能做出错误的选择。接下来，这本书将通过对社交行为的观察来展示一个人选择与谁交往、如何交往，应该评价的不是他人，而应该是我们自己。我们要问自己，"我是否具备相应的信任能力来促使他人开展我期望的社交？"

我们在社交中，遇到的所有成功或失败，愉快或悲伤，兴奋或焦虑，和平或暴力，都源自我们是否深入洞察社交行为的内在逻辑。这正是本书要阐述的内容。

当我深入"信任"的研究，就愈加发现，信任与他人无关，信任是每个人的一种能力，它同自由一样，支撑着每个人的行动，并将自己与他人联结在一起。信任创造了人类社会，也可以说人类社会创造了信任。信任被创造的过程，也是人类社交的形成过程。

有些人做事坚决果断、思维敏捷、开朗大方；也有许多人似乎"天生"优柔寡断，犹豫不决，谨小慎微，人们往往将这种差异归结为"性格"的不同。说"性格不同"，有点宿命论的色彩，好像人天生就被规定为某种样子，其实不然，一个人在不同的场合通常会有完全不同的表现。心理学研究表明，性格也是后天形成的，在日常生活中，人们使用"性格"来简化一系列的行为表征，仅仅是懒于观察一个完整的人。

比较性格果断与性格优柔的人，会发现他们在社交的模式上，存在一个重要的差异：性格果断坚定的人通常具有明确的信任边界——人们对待和处理事务时愿意投入资源的限度，这个概念我们会在这本书中详细探讨，而性格犹豫多疑的人常常缺乏可意识到的信任边界，这类人在待人接物的过程中，缺乏清晰的资源边界，既不知道为自己争取多少程度的资源和利益，也没有清晰认识到自己可以付出或者牺牲多少资源和利益是自己的限度。所以，优柔寡断的人处事总是想争取利益"更多"，遇到风险时总是想避免损失"更多"。因为缺失了明确的资源损失限度以及对自己"贪"的限度的抑制，他们的心理状态总是处在不平稳、不平衡的状态。通过对社交行为的深入探究，我们发现，一个人如果能够设立好明确的目标和自己行为的边界，他的优柔寡断的性格也会发生变化。

社会学家罗伯特·阿克塞尔罗德在研究"在利己主义下的合作进化"时，发现一种"以牙还牙"的博弈策略，它最终从几十种合作策略中脱颖而出，成为最有效的合作进化的行为策略。"以牙还牙"的策略简单清晰，它首先要求自己是利他的，信任对方，如果在社交过程中，对方也是一直利他的，它就会保持这种利他合作，使双方都获益；但是，一旦对方出现背叛，它就立刻予以报复；当对方回到利他合作的轨道上时，它也回到利他合作中来。"以牙还牙"的策略者设立了清晰的信任边界（"愿意合作，但是只能接受一次背叛"），并将这个边界告知对方，它既不会从对方的利他好意中掠夺好处，也不会放任对方的恶意损害，同时，它是宽容的，只要对方愿意合作，过去的对抗可以不予追究。正因为这种明确的行为策略的设置，使得"以牙还牙"的策略成为最成功的行为博弈策略。

那么，在我们的日常生活中，信任的边界如何设立？我们可以根据自己的需要，在不同的社交资源上进行规划，设立不同的信任边界。在社交行为的框架中，信任边界的设立是具象的，是面向行动的，而非一种心理的认知或者态度，但是，它同样可以影响一个人的心理防御边界。一个心理防御不那么强烈被激发的人，常常是更放松、快乐和幸福的人。一个具有强烈防御心理的人，常常在社交上过度自我保护，反而容易失去更加开放的心态，失去合作发展的机会。

回到承载着信任的社交行为，人们对社交有这样的定义："社交，是指在一定的历史条件下，个体之间相互往来，进行物质、精神交流的社会活动。"可见，社交涉及人的互动，以及物质和精神的交流。我们发现社交得以发生的前提是一个人需要具备个人自由，同时，社交具备两个核心的力量——信任与权力。因为没有信任，交往就无法发生。没有权力，社会也无法组成。事实上，信任与权力贯穿了我们一切社交行为，信任给我们带来情感，权力会促使我们动用暴力。两者时刻伴随在我们身旁，它们既是支持我们的力量，也是支配我们的力量。

那么，什么是信任，社交中有什么样的权力？权力和信任又是从哪里来的？如果我们对这些模糊不清，那么，我们就很难在社交中，清晰地了解自己的社交处境，我们的判断也会因此发生偏差。

接着我们会着重讨论信任及其与自由的关系，关于"信任"，我们会探讨这些话题：人类的信任起源于何处；信任为什么是一种收益，而不是给予；有哪些要素共同促成了社交的发生；人们基于什么来完成交往中的决策和判断；人与人之间是否可以实现"完全信任"的合作模式，等等。

在交往中，除了信任，人们还会使用"权力"。在社交过程中，权力有时很明显，比如，警察要求你停下车检查，你就得照做，这是警察的权力。

有时候，权力是很隐晦地出现的。比如，有朋友要向你借 10 万块钱，你有点犹豫，对方就说，你还是我兄弟吗？于是你不得不给对方转了钱。这时候，你的朋友就是在使用"权力"让你就范——这是一种文化权力。

我们生活中，无处不会遇到权力，权力会试图支配你，让你服从它。

鉴于此，我们会好好聊聊社交中的权力形态，比如：权力是如何在社交中形成的？在社交生活中，权力有哪些面目？有权者会如何影响社交，并达成自己的目的？这些内容，会让你对如何看待社交，以及如何避免被权力支配，有很大帮助。

另外，我们还会聊一聊，如何面对"群体"对你的行为的影响，"群体"会影响我们的需求、思维，乃至精神状态，当然最后改变我们的行为和行为方式。当一个人进入一个群体时，可能会发现自己或其他人发生了某些变化。这些变化可能会让我们变得更加有力量，也可能让我们变得令人厌恶。

所以，在全书第二部分，我们会好好聊一下"群体社交"，你会了解到：群体介入和群体共谋如何影响我们的思想和行为？为什么小群体更容易利己？以及中国式人情的底层逻辑是什么？在社交中，是什么导致了不平等？

此外，我们会谈到日常生活中的一些社交现象，比如：为什么富豪多为商人而不是艺术家？为什么家庭关系不是夫妻关系？为什么父母爱控制子女的生活？家庭暴力的发生困境是什么？为什么人们鄙视暴发户，而穷人们却会因贫穷而感到羞耻？等等。

社交的一个极端行为是暴力。暴力发端于社交，并被暴力者利用，使得暴力者可以在避免自身受到伤害的情形下，对受害者进行施暴，但是，受害者也是暴力得以发生的重要推动者。为什么这么说？社交暴力——这正是本书着重探讨的内容之一，通过了解暴力和暴力社交，我们可以尝试发现社交中规避或对抗暴力的途径和方法。

最后，我们会回到人们都关心的话题——幸福。幸福是什么？我们如何可以获得幸福？人生的幸福与社交是什么关系？

我们最终将会发现，我们的情感与社交有关，我们的财富与社交有关，我们的优越感也与社交有关，就连中考和高考这些教育行为，其中也有社交属性。社交行为构建出一个人的全部内容，也构建出了人类社会的全部内容。

社交如此简单，又如此复杂，让我们一起来深入社交，洞察社交。

目 录

01 社交思维

02 社交生活

01

社交思维

❯ 社交的历程

人类社会和人类的社交行为，总体上经历了这样的过程：从个体，到群体，至社会，再重新回到个体，回到深深嵌入在社会和群体中的新个体——社会人。

完全意义上的直立行走和手的解放，让人类成为一个新的物种。虽然，人类可能一开始就是社会化动物，但是人类早期的生存状况，其实与一个黑猩猩群体的状况差不多。

人类真正的社会化，很可能是从语言的普遍应用开始的。语言是一种符号，无论是文字还是口语，都需要首先对外在事物进行"符号化"。这是一个"编码"的过程。比如，"他/它"这个字的语音，就必须有明确的指代的第三方的人、事或物。说者和听者都需要理解这个语音的指代。这就是一个对事物编码的过程。

因为语言带来了对自然世界的"符号化"和"代码化"。运算代码和符号的抽象思维能力就必须建立起来。语言为人类进入"社会"提供了工具和技能。然而，这个过程，从晚期智人到农耕社会，又经历了 10 万年之久，直到另一个符号系统的出现——文字。文字，使得人类的活动和成果可以高效传承。

在文字出现之后的 5 000 年里，人类社会经历了一个社会化和人类文明的大发展，而从社交的过程看，这是人类社会追求自我牺牲的过程，个体为了融入社会而牺牲个体自由乃至生命，最终形成人类社会特有的牺牲文化。

工业革命和科技的发展，引发了人类社会和道德伦理观念的巨大变化，从"自我牺牲"的文化到开始重视个体的自由，这一切仅仅经历了四五百年的时间。

寻找归属

社会性动物的心理特点之一，就是寻求归属，归属到一个群体中，希望被群体中的成员认同和接纳。但是，这个过程并非一帆风顺。

卢梭（Jean-Jacques Russeau）在 1755 年出版了《论人类不平等的起源和基础》一书。在书中，他认为，最初的人类状态是孤独而自由。如卢梭所描写：

> 游荡在浩瀚森林里的野蛮人，没有工业，没有语言，没有住所，没有战争，彼此间也没有任何联系。他对同类没有任何需求，同时也没有任何伤害他们的欲望，而且可能一辈子不会单独认识任何一个其他同类。他不为情欲所牵绊，自给自足，只拥有这一状态下应有的情感与智慧。他只会感受到自己真正的需求，目光只会聚焦到他感兴趣的事物上面，而且他的智慧并不比他的幻想有更多的发展。

人类从进化伊始，就在进行社交，寻找归属、寻求融合。

美国语言人类学家迈克尔·托马塞洛（Michael Tomasello），在 2006 年出版的《人类沟通的起源》一书中，分析了远古人类沟通的两种可能：声音和手势。牛津大学的进化人类学家罗宾·邓巴（Robin Dunbar）教授，在研究人类社会的形成历史现象时，又提到了另一种实现交流的形式——"梳毛"。研究的结果发现，只有"梳毛"活动，才是社会性动物，包括早期人类的祖先中，实现社会化交往的工具。

这与我们的直觉相悖，在语言出现之前，声音看似应该是一个更有效的沟通工具。为什么声音和手势在早期没有完成群体间的早期社交功能呢？为什么只有"梳毛"实现了早期社交的功效呢？

【声音： 情绪化的发声】

我们首先来看"声音"这个工具。古人猿们为什么不能通过声音来进行更有效的社交呢？

原因有以下三方面。

首先，灵长类动物没有进化出适合言语发音的生理器官，它们的舌头和声带构造都不能发出像人类这样的声音，无法形成复杂的语音。

其实，有规律、可辨识的发音是一件相当困难的事。有研究指出，即便人类的喉头和声带构造，也只能够发出约 400 种左右的不同的声音，对于相同发音的信息，必须建立其他的冗余信息来进行区分，比如上下文的关联关系等。

其次，在人猿或者黑猩猩群体的声音使用中，人们发现，它们的呼叫是广播式的，没有特定接收者。也就是说，人猿或者黑猩猩群体的声音的信息，是广而告之，传播到附近所有个体的耳中，并非传递给具体的对象，这就无法实现个体两两之间的信息交流。迈克尔·托马塞洛指出，"灵长类的叫声以表达个别情绪为主，而不是以接收者为导向的行为。"

再次，科学家发现，像黑猩猩这样的灵长目动物，它们的发音更多的是在表达情绪，而不是描述内容。也就是说，当黑猩猩通过发声来向对方传达信息的时候，更多的是在表达自己的情绪，比如说激动、暴躁、愤怒或者高兴。它们无法通过发声来描述更复杂的场景和传递更复杂的意义。科学家们发现，这种情绪化的表达，反过来也阻碍了灵长目动物的语言和智力的进一步发展，也阻碍了声音成为有效社交的载体。

【手势： 以手指物】

那么，手势是否可以实现社交的功能呢？

迈克尔·托马塞洛指出，人猿或者黑猩猩个体使用手势，是为了获得注意，并表达意图。这其中的"意图"是一种命令式的要求——即它要求对方做什么。

比如，我们在动物园常常可以看到，黑猩猩会用手指指着某个食物或饮料，意思是要我们把食物或饮料给它们。

更有意思的发现，是黑猩猩之间却从不用"手势比画东西，如食物"，因为如果它不亲自去拿食物的话，它最终得不到所指的食物。可见，"以手指物"这种看似可以用于交流的工具，在食物匮乏的原始时代，是无法成为重要的交流工具的。

手势，或者"以手指物"，在早期群体中，缺乏社交中互助的现实条件。

【梳毛：实现社交】

于是，在早期人猿群体中，声音和手势都无法成为一个有效的信息交流的工具。

那么，为什么"梳毛"可以实现社会性动物，包括人类群体的早期社交的功效呢？

通过对黑猩猩的梳毛活动的观察发现，梳毛行为需要一对一地做，当然，有时，若干个体会聚在一起，相互梳毛，但是，具体的行为必须是一对一的。小群体聚在一起相互梳毛，会构建一个小的群体同盟——这个在对黑猩猩的研究中也有发现。这样，梳毛活动就成为一个个体与个体之间，必然花费时间和精力的利他行为，这种行为又会被其他个体看到，从而理解梳毛双方的紧密关系。

梳毛行为就成为一种可以预见的、必然的、一对一的利他行为。个体之间就通过梳毛的活动，来建立相互之间的紧密的交往关系。

梳毛行为，实现了社交的基本形态，即让一个个体获得并理解自己获得了他人的协助。

梳毛行为真正成为一种社交工具，是因为它实现了以下的社交功能：获得愉悦和舒适，获得地位，获得食物，赢得配偶。

梳毛能够给对方带来舒适和愉悦，是因为梳理毛发会引起一种叫作 β - 内啡肽的激素的分泌。这个激素，是大脑产生的一种天然镇静剂，可以给人带来放松、舒服的感受。

梳毛行为是一种互助行为，梳毛的行为也并非随意发生，给谁梳毛也有讲究。通常，在一个群体中，普通成员会给群体中的头领，或者有能力成为头领的竞争对手梳毛，给头领梳毛意味着它的地位也就很不一般了。

还有一些发现，比如，交换行为在灵长类动物之间也早已经出现，如果谁有水果，那么想要水果的那只黑猩猩，就可能去给他梳毛，享受梳毛的黑猩猩会把手里的水果分一些给对方。

另一个发生梳毛的时机，是动物在发情的时候。如果我给你梳毛，那么，你就是我爱的人，同样，你如果接受了我的梳毛，那么，你就接受了我。

你看，梳毛行为没有用一句话，却表达了那么多的亲密关系、地位关系和交换需求。

【梳毛和依恋情结】

梳毛行为不仅带来以上具体可见的好处，还会带来非常重要的心理成长。

心理学家们通过实验观察发现，梳毛行为还可以给双方带来相互的依恋关系，是形成信任的一种基础活动。梳毛与呼喊、手势等交流方式不同，它可以实实在在地给对方带来安全舒适的感受，与呼喊、手势相比，梳毛行为更能够增强两者之间的亲密关系。其实，我们人类到现在一直没有放弃梳毛式的社交，比如我们常常会通过抚摸和轻轻地拍打来这种类似方式来表达人和人之间的亲密关系。

1959 年，美国心理学家哈洛（Harry F. Harlow），将一只刚出生的婴儿猴放进一个隔离的笼子中养育。在这个笼子中，有两个"妈妈"——"铁丝妈妈"和"绒布妈妈",铁丝妈妈的胸前挂着奶瓶,绒布妈妈没有。

实验刚开始,婴儿猴多围着"铁丝妈妈",但没过几天,令人惊讶的事情就发生了:婴猴只在饥饿的时候才到"铁丝妈妈"那里喝几口奶水,其他更多的时候都是与"绒布妈妈"待在一起;虽然当婴儿猴同"铁丝妈妈"在一起时能喝到奶,但它们宁愿不喝奶,也愿同"绒布妈妈"待在一起。

哈洛由此得出结论,身体接触或者触觉对婴猴的发展,甚至超过哺乳的作用。与喂食相比,身体的舒适接触对依恋的形成起更重要的作用。触觉的发展以及与之一同发展起来的安全感,对构建健康的心理极其重要。

所以,梳毛行为代替了声音和手势,在人类的早期阶段,最终成为人与人建立有效社交关系的重要形式。

【梳毛的社交难点】

梳毛可以增加两个个体之间的互动与交流,给对方带来愉悦的感受,并有助于建立信任感,推进双方的亲密关系。但是,为什么梳毛行为没有最终成为我们当代人的主要交流工具?

因为梳毛必须是直接的、面对面的接触,不能隔空梳毛。比如,你要是在空中做出梳毛的手势,就认为是梳毛,对方显然不能接受。

另外,梳毛的活动,一次只能服务一个对象,与我们现在的按摩一样,一位按摩师不能同时为十个人按摩。

最关键的是,通过梳毛这样的活动,构建起来的社群规模是有限的。罗宾·邓巴(Robin Dunbar)教授在其著作中提到,一个较大的灵长目群体,比如黑猩猩群体,其最大的规模只能维持60~70个个体,在一般情况下,一个群体不会超过50名成员。

黑猩猩群体通过梳毛的方式进行社交,它们群体的规模要远小于人类社会可以达到的群体规模。罗宾·邓巴教授发现,一个群体能够支持有效交往的群体规模的上限是 148 人，四舍五入，取"150"，这个数字也被称为"邓巴数"。要想使每一个成员都相互认识，邓巴数是一个熟人群体的规模上限。即便在现在的互联网社交环境中，"邓巴数"仍然是一个熟人群体的规模上限。

"突破"邓巴数的规模限制，建立起庞大的社会结构，这个艰巨的任务要等到人类掌握了语言，并创建了文字之后，才飞速地完成。

人类到来

整个石器时代在考古学上是以制作和使用石器为标志的人类文化的发展阶段，这个时代也是人类进化的重要时期。大约是在 20 万年前，早期智人的出现取代了已经存在了一百多万年的直立人。大约是在 4 万年前，晚期智人这个现代人类的祖先来到了这个世界，并逐渐进化成为这个世界的顶级生物。

一个疑问是，为何现在的黑猩猩还是几百万年前的模样，而人类始终没有停下进化的脚步？

【人类大脑新皮层】

为什么灵长类动物没有发展出人类这样的社会化文明？或者说，为什么是"智人"最终进化为我们现代人类？

这里有许多原因。其中一个生理性因素是大脑的进化。

罗宾·邓巴教授认为，这是因为人类进化出了高度复杂的大脑新皮层，尤其是前额叶的新皮层组织。他将这种大脑结构称为"社会脑"的发展。

人类的大脑在整个人类进化历程中有三次大的飞跃，从南方古猿到直立人，到智人，直到我们现代人类。人类大脑的容量在这个过程中增大了 3 倍，尤其是，负责计划和决策的大脑新皮层有显著的增加。大脑新皮层的发展，使人类具有了更强大的处理复杂事物的能力，可以处理更加复杂的人和社会关系，可以区分什么是合作、什么是欺骗，可以长期地记忆发生过的事和人。这些都为人类群体的社交，提供了良好的生理基础。

在整个大脑结构中，大脑新皮层是最后出现的脑组织结构，它位于大脑半球的上方，占据了一个成年人大脑皮层 94% 的表面积。人类大部分的感知觉信息，最终都会汇集到大脑新皮层的某些特定的区域，执行高级的认知功能，包括支持有意识的学习、观察和判断，发展出意向性的解析能力，以及认知等思维能力。

所以说，人类大脑新皮层，为人类社交能力的进一步的发展提供了良好的生理基础，也标志着人类在生物体上作为一个新的物种的形成。

【理解好意】

人类大脑新皮层，给智人带来的巨大优势，不仅仅是生理性功能，影响人类的是心理性的认知功能的发展。在人类认知的各种能力中，有一项对人类社交影响重大的关键认知能力，就是对好意的理解能力。为什么说能够理解好意，是引发人类社交行为的根本能力呢？

迈克尔·托马塞洛指出，"人类沟通的合作式结构，不是偶然或孤立的人类特质，而是展现了人天生有极端的合作意愿。"这个合作意愿，就是人能够理解什么是好意。只有能够理解对方的好意，才能够实现符合自身利益的沟通和社交。只有当社交中的双方彼此了解对方的好意时，社交才会发生，这是"葛赖斯沟通意图"。

社交以及合作的基本意识，是给予他人所需，并可以获得自己所需，能够理解他人的协助。社交发生的基础，就是双方能够理解对方的好意。

托马塞洛等人在一项有关猿类找食物的实验中发现，猿类并不能很好理解人类对他的帮助：当工作人员指示给它们含有食物的桶，它们常常只是看而不会选择。有两种可能的解释说明这种现象：一是猿类"并不了解这个手势的意义，不了解这个手势跟他们要找的食物有关"。二是"猿类不了解人其实是在善意地沟通，以帮助他们达到目标。"

善意或好意，就是好的意图，在社交行为中，就是利他的意图。利他的意图或者"好意"要先于利他行为，即需要先认知和了解"好意"，或者产生对他人的好意，才会发生利他的行为。

在自然界，越是独立行动的动物，越无法理解"好意"。动物营救组织在拯救一只受伤的狮子或者猎豹时，需要给这些猛兽打麻醉枪，或者用棍叉先制服它们，因为狮子和猎豹会对人类咆哮、张牙舞爪。而当人去救一只落水的狗时，即便是陌生人，狗也会表现得非常配合，它能够理解人类是在拯救他，它能够理解人的好意，并相信这种好意。落水的狗会咬住人放下的绳子，让人把它从水中拉上来，并在这之后向救助它的人表达感激。可见，狗与人类的社会协助更加好，这个前提是狗能够了解人具有好意，并相信人的好意。狗对好意的理解，可能是在长期与人类共同生活中被驯化的结果。对好意缺乏认识的动物，很难与人类进行合作，它们自身在其种群中也常常无法表现出好意或善意，所以选择独立行动。

无法理解"好意或善意"，也就无法深入社交，也无法进行深度的社会化，无法进行深入的合作。离群索居的人，既不愿意去理解他人的好意，也不愿意向他人展示好意；回避这些利他行为，也使他们远离了与其他人的合作。相反，情商高的人，常常被人认为是具有高合作性的人，他们会迅速理解他人的意图，也会主动展示自己的好意，避免误解或敌意。

好的意图或善意，既代表了一种利他行为，也蕴含了人类社交所需要的信任。

【人类社交的三种动机】

"能够理解好意"为我们人类的社交之路奠定了互助合作的基本认知能力，但是，是什么最终促发了社交行为？要驱动人类展开社交和合作，我们还需要"社交动机"。简单地说，人类为什么要进行一次社交或合作？产生一次社交的动机是什么？

迈克尔·托马塞洛指出，人类沟通和社交的需要，基于三种基本动机，它们的目标都是实现人类的互利合作。

一是请求，就是要别人去做自己想要他们做的事情。与黑猩猩命令式的请求方式不同，人类在发出请求的时候有多种形式，包括命令，有礼貌的请求，提出建议，甚至是利用暗示的方式说出自己的想法。

二是协助。人类的这种协助动机，使人们即便没有被要求，也会主动帮助别人。告知一些对他人有用的信息，或者帮助提出请求的人们完成他们的愿望。迈克尔认为，主动提供协助是人类利他动机的一种体现。也就是说，人类的利他动机是在没有明显的回报收益的情形下，也愿意付出并帮助他人的行为。

三是表达和分享的动机。迈克尔把它称为人类喜欢与人分享的行为，它们涉及一些有趣的事儿，对事物的情感或者态度。人们似乎有天然的意愿去向他人表达和分享自己的心情、情感和对事物的看法。朋友之间的八卦，闲聊看似也没有具体的明确的获利的动机。女性朋友之间的交流，常常是你说你家的，我说我家的事儿，她们的交流看似独立，但却又相互联系，显得非常流畅。

表达和分享的动机，在人类很小的时候就会出现。比如孩子们常常会告诉父母们有趣的事情，比如用手指着舞台上的小丑，更多的目的是希望大人们和他们一起分享他们的快乐。由表达和分享的动机而形成的沟通的行为，是内在互利行为之外的另一条途径，引导人类形成社群。

【使用语言】

是语言而不是伊甸园的苹果，最终创造了现代人类。

人类在追求充分交往和理解的过程中，通过改进沟通和社交的工具，比如对手势的改进，以及语言的发明，改变了人类的社交行为和社交形态，并由这些社交行为和关系构建了制度性的社会。

早期智人的生产活动其实处于极其原始的萌芽阶段，只能使用木棒石块等简单的工具。大约在 10 万年前，也就是在旧石器时代的末期，智人开始使用语言进行社交。从社交的角度来看，10 万年前是人类社交的分水岭，语言的使用是人类社交史上的重要标志。能够表达意向性的语言的出现，彻底改变了人类的社交方式。

花时间和别聊天，帮助智人们建立了更多样化的社会关系。科学家研究发现，在社会交往过程中，说话约占了人类自发社交行为的2/3的时间。说话，或者说语言能力，成为人类社交进化史上的重要工具和必备的技能。

语言造就了人类。这句话本没有错，不过语言对人类的进化产生影响，必须是在社交过程中去完成的。脱离社交，语言无法发挥它的作用。

我们现代人看到的是语言促成了社交，但是，在远古时代，情况恰恰相反，是人类对社交和归属的极度需求，促进了人类对语言这个工具的开发和完善。对社交的渴求，是促进语言产生和发展的基本动力。

【手势语言】

迈克尔·托马塞洛认为，人类真正的有社交意义的沟通，不是从语言开始的，而是从人类的自然的手势，如以手指物，比画示意开始的。

人类对手势更加深入的理解和运用，使得在语言出现之前，手势可以表达出请求、协助和共享等意图。时至今日，我们也常常用手势来表达意图。比如，酒吧里的人想要再点一杯饮料，他等酒保看着他时便指指自己的空杯子，示意杯子空了，请再倒点酒来。

人类第二种用于沟通的手势是图像式的手势，也称为比画示意。图像手势可以描述一件事物，也可以指出某件事物的特征，甚至是勾勒某一种行为的过程。通常图像手势模拟的不是当前正在发生的动作过程，而是通过手势和肢体的行为来模仿、模拟某种象征物。

比如，我在演讲厅前方准备演讲，听众席上有一位朋友拨弄着她的衬衫的扣子，对着我皱着眉头，当我低下头看时，发现自己的衬衫纽扣开了。听众席上朋友的手势是在告诉我，我需要扣上纽扣。

手势语言，对人类社交的技能和工具改善的最大的贡献，是它创造了能够被一个社群所有成员共同理解的认知基础，以及完整的社交互助的理解。在手势语言的社交过程中，这个共同的认知基础为语言的诞生做好了准备。

【语言交流的社交优势】

为什么语言成了人类这 10 万年来最重要，使用频率最高的社交工具和技能呢？

因为语言这个工具具有无可比拟的社交优势。相比梳毛的行为和手势语言，说话聊天，给人类的社交带来了五个优势。

第一，说话可以使一个人可以同时与多个人进行交流，信息可以同时向多人进行传递。这大大提高了社交的效率，也为群体社交提供了新的手段，使得个体交往更加有助于群体规模的拓展。

第二，通过语言，人们可以了解没有直接目击到的人、事和现象，从而可以获得更多的信息。这些间接的信息，可以让个体对所处的群体有更全面的了解，使得人们可以更完整地了解自己所处的环境。

第三，语言交流，不仅可以提供整个社群和周边环境的信息，也可以提供有关某个人样貌的信息和行为特征。交流的内容，不光是当下发生的行为，也可以是在其他时间、地点发生的行为。这些额外的信息有助于判断一个人是否值得信任，是否可以成为自己的盟友。

第四，语言的交流，改变了原先以梳毛行为传达信息的方式，人们可以更有选择性地传达自己想要表达的信息。梳毛的行为是直接接触行为，而语言的交流可以传递更多层次的信息，比如可以传递一些信息来操纵一个人对另外一个人的看法，这种意义的复杂性是梳毛行为无法传递的。语言的出现，让人们开始关注语言传递的内容，对内容进行描述、编辑、选择或者篡改。人们从对自然环境和行为本身的关注，转而开始关注与人自身或群体相关的内容，这些内容超越自然属性，而抽象为社群社会的信息。语言的内容成为自然现象之外，人类新的关注点，为人类社会和文化的多样性提供了符号学上的基础。

第五，说话花费的成本要比梳毛行为低很多，比如，在梳毛时代，人们需要花费较多的时间精力去为对方梳毛，现在可以通过语言交流，人们可以把节省下来的体力和时间，用于其他的社会生产活动。

语言以及后来的文字，逐渐成为区分两个个体和群体的重要标准，甚至决定了一个人的社会地位，掌握文字和语言的人，比如巫师，在人类社会群体中，逐步成为群体的领袖和统治者。

【直接利他行为和平均分配】

将语言用于社交和交流，已经有至少10万年之久。在这10万年间，语言对人类社交行为有多大的改变呢？

事实上，直到1万年之前，语言并没有改变最初的梳毛行为塑造的社交本质——互利，而互利的前提就是利他，并理解利他的好意。人类早期社交活动中最大特点也反映了社交最本质的内容，就是直接的利他行为。

人类早期社交活动中，还没有文字，社交依赖手势、口语，也可能包括一些身体接触，人们花费时间聊天，也必须是在同一个物理空间，人们在有限的空间地域内，与有限的成员，进行直接的社交行为来维系感情和联络。

这些社交行为需要依靠个人的行动能力来完成，在规模有限的社群里，人们的社交利他行为，直接指向面前的具体个体，或者面前的群体。这个时期的社会处在一个"原始平等主义"的组织形态中，因为有限的食物会被立刻瓜分殆尽。在这个时期的部落或族群中，一个优秀的猎手捕获的猎物，会在族群内部进行平均分配，同样，女性采集来的果实，也会平均分配给族群内的所有人。

所以，在这一时期的群体里，一个人的行动能力和经验阅历，将决定他对群体的贡献和作用，同时，也决定了他在群体中的地位和权威，经验丰富的长老会成为一个群体的领导者，灵活矫捷的猎手会成为女性青睐的对象。

　　在这个时期，物物交换还没有发展起来，实际上，人们也没有很多剩余的食物，也没有完全属于个人的私人物品。在这样的状况下，族群内部的互助行为，不会经常性地给予物资上的回报，人们之间的交往，不同于我们现在高度依赖个人资源交换的社交行为。

　　在原始平等主义社会中，人类社交行为的丰富程度虽然因为语言而大大提高了，但是由于仍处在原始的分配方式下，语言对人类社交行为和关系的改变依然被维持在简单的生产和生活中。直到农耕文明极大发展之后，人类的社交形态才会有另一次大的改变。

熟人社会

人类首先在尼罗河流域、两河流域以及黄河流域进入农耕文明，不仅仅体现为对禾本科植物的人工驯化，使得粮食生产得到了大的发展，也不仅仅是因为出现了制度性的社会组织方式，譬如奴隶制，出现了文化或宗法，还有一个更加基本的改变——那就是人类社交行为方式的改变。

在人类进入农耕作业后，人类的社交和行为方式究竟发生了什么样的变化，使得人类文明又上了一个新的台阶呢？

【财富分配方式的改变】

社会组织方式和制度的改变，根本上说，是源自人们的社会交往行为的改变。在人类进入农耕文明后，物质的分配方式有了什么样的变化？在一个族群中，对每个人影响最大的，就是从"原始平均分配"，改变为个体之间的直接的"物物交换"。

大约在公元前3400年，在美索不达米亚的乌鲁克城（Uruk）出现了世界上最早的文字记录——楔形文字。人们用楔形文字记录了拥有的土地、谷物和牲畜，还有苇席和陶器等物品，还记录了当时的交易契约和法律条文等。

当出现了剩余物资，族群内部产生了对剩余物资私人所有的共识，人们就开始了物物交换，或者基于某种货币（比如贝壳）的交换。于是，相较于狩猎-采撷时代更丰富的物资的交换，便成为人们社交行为中的重要内容。

中国社会在5 000年前开始进入早期文明社会。约在黄帝、颛顼（zhuān xū）和帝喾（kù）这三个帝王时代，原始氏族社会走向衰落，出现了贫富分化，开始从氏族向国家演变。

在这个时期，出现了剩余物资，出现了个人私有的物品，以及"物物交换"这种针对剩余物资的分配方式。这种人与人之间的新的交换和社交关系，推动了私有制确立。《诗经》中有大量有关当时物品交易和交换的描述。

《诗经》"卫风·氓（méng）"篇中，对当时社会的货物交换，有这样的描述："氓之蚩蚩，抱布贸丝。匪来贸丝，来即我谋。"意思是说，"憨厚的农家小伙，怀抱布匹来换丝。其实不是真换丝，是找个借口谈婚事。"

《诗经》"邶（bèi）风·谷风"篇中，也有描述货物买卖的场景，诗云："不我能慉（xù：好，爱惜），反以我为雠（同'仇'，仇人），既阻我德，贾用不售。"意思是，"你不爱我也就罢了，还把我当仇家。我的好心你不睬，就像货物没人买。"

交换和交易，成为人们社交生活中一个新的社交内容，它不断演进和完善，最终改变了人类的社交行为和社会组织样貌。

【长生产周期的影响】

长生产周期对社交模式有什么影响？

"交换"代替"平均分配"是物资产生大发展的结果。在农耕社会时期，人们可以通过社交收获更多的收益，除了秋收的谷物，精美的陶器，还有丝麻编制的衣物等。

这些农作物和器物需要经历长期的耕作和制作过程，靠个人的精力很难做到"面面俱到"，这个时期的文化、制度和群体组织，都在努力打造一个可以支撑这些长周期生产的社会关系。

春秋时期的法家代表人物管仲，是中国历史上第一个鼓励职业分工和商品交易的人。他制定了"士农工商"四个职业分类，以及相关的制度政策，他将劳动进行职业化分工，并使之专业化。这让齐国在经济和军事方面都得到极大的提升，一跃成为春秋五霸之首。

孔子也在《论语·宪问篇》中评价说："微管仲，吾其被（pī）发左衽（rèn）矣。"意思是说：要是没有管仲，我们都会披散头发，左开衣襟，成为野蛮人了。

在传统农耕社会中，人们的社交关系，随着长周期的生产劳动，地域性的群体关系逐步趋向形成长期的、固定的社会交往关系。

【熟人关系】

随着人们狩猎-采撷的生存方式，因农耕技术的发展而定居下来，人类的社交关系，也开始进入一个地域性的、稳定的、长期信任的社交关系。农耕社会中，物物交换以及当时的人际交往，具有典型的熟人社交的特征。

据考证，在现今中东伊拉克的两河流域，早期的农业定居点的平均人数约为150人；在1086年，英国进行的土地人口调查中（《末日审判书》），发现村落的人数也是150人左右。当时的族群的人数平均在80人，不超过150人。

150这个"邓巴数"最早由人类学家罗宾·邓巴提出，它是一个早期群体中可以进行直接社交的人数上限。当群体的人数超过150人时，就会出现不认识的陌生人，这时，这个群体内的社交秩序就可能发生混乱，就需要专职的人员，比如警察，来维持。

在现代军队的编制里，一个连的人数也是在120～180人之间；即便在当今移动互联时代，脸书（Facebook）的大多数用户真正有联系的朋友数目，也120～130人之间。

在这"150"个熟人中，是不是每个人都与其他149人都非常熟络呢？

罗宾·邓巴指出，人类社群的熟络程度符合"3倍法则"。一个人最亲密的人，比如父母，关系亲密的兄妹，或密友等，人数在5人左右，密友之间需要大量的社交互动，来维持亲密关系。还有一些交往频繁、关系密切的所谓"至交"，人数约在15人左右，而一个活动较多的交往"好友"约在50

人左右。那些剩余的 100 人，只能称得上是认识的朋友，交往不那么多了。这"150"个有联络和交往关系的人，就是一个人的熟人关系。

【熟人社会下的间接信任】

那么，人们是如何处理那些不那么熟络的熟人之间的往来的呢？

这个时期的社交所需的信任，基于地域和血缘关系的信任机制，但可以不再依托两个人之间的直接信任关系。

在熟人社会中，社交和交易主要发生在熟人之间。社交和交易会更多地发生在熟人之间。商人这个群体，因为与当地人不熟悉，无论是在东方还是在西方社会，一直被视为一种不安定的存在。农耕社会下的社交和交易，具有非常明显的地域性。在联系那些不那么熟络的熟人的过程中，就出现了一些"中间人"，他们担负起了社交中介的职责，并由他们制造了一种对他人的"间接信任"——人们可以通过中间人的介绍而相信另一个人。

"间接信任"是那些无法通过人们的直接社交行为来建立直接信任关系，而通过来自他人介绍的"间接信息"来建立的一种较弱的信任关系。相较于密友之间的"直接社交行为"，"间接信息"是一种对发生在他人他地的事的描述。

"间接信任"的出现，是因为"中间人"的信用做了担保。我如果认同中间人的介绍，那就意味着"我信任对方"。

于是，个人信用可以以"间接信息"的形式，通过中间人的传播，提供给其他不熟悉的人，在非直接社交的情况下，作为开展社交往来的社交信用。

通过中间人，扩大人与人的社交机会和社交范围，但是中间人仍然需要是熟人才行。个人信用，需要熟人的背书，在一个有限的地域内，如果个人信用坍塌，这个人就无法在熟人社会中很好地存活。这种地域性的信任和社交形态及其衍生的社会关系，一直延续到工业革命之前。

【对陌生人的联合】

随着生产力的发展，人类社会的组织规模不断扩大，部落的血缘关系和血缘组织，向非血缘的陌生人扩展，必然会面对将不同地缘关系的陌生人组织起来的问题。

将陌生人组织起来的方式，首先是一系列行为规范。东方的儒家文化，西方的基督教文化，以及伊斯兰文化，佛教以及各种律法等，都是联合陌生人的行为规范。在中国，有系统地、大规模地突破陌生人的社交和信任关系的制度安排，莫过于"科举制"。

科举制增大了社会人口的流动，突破了基于血缘的社交系统。科举制打破了封建门阀势力的世袭、封闭的官僚系统，使来自不同地域的学士可以通过科举流动到上层阶级。

据郑也夫在《信任论》中指出，宝祐四年（1256年）登科进士中，三代皆不仕的寒门子弟占总数的一半以上，父辈有一代为官（包括宗室）的进士人数占总数不到五分之一。

自汉朝伊始，掌权者就面临如何管理这么大疆土国家的问题。在科举制诞生之前，汉代的统治者有察举制，魏晋有九品中正制，它们都是举荐选材的选官制度。虽然有经由观察，量体为用的好处，但是经权贵门阀的操纵、请托或贿赂，举荐的"人才"仍然具有明显的地域和熟人的特性，未摆脱地域性。举荐制最终被科举取代，一个重要的原因是，它无法摆脱门阀私人性质的信任属性，尤其对皇权来说，这些被举荐的陌生人，缺乏皇权可识别的信任标识。

所以，魏晋南北朝，经纷乱之后，所谓"内库烧为锦绣灰，天街踏尽公卿骨"，门阀势力被大大削弱。自隋唐起，由皇权主导的科举选官的制度正式启用。科举制度的不断完善，使得皇权作为中央集权的政治权力，可以摆脱封建门阀贵族势力的掣肘，而完全独立运行。

中国的科举制从开始至废止，一共历时 1 300 多年。新中国成立后，通过改革高考制度，陆续完善了现代的教育考试制度。学历成为中国社会重要的信任标识，成为中国社会对一个人认同的新的标识。

科举制度号称是"中国人曾经建立的制度中最精致和完善"的制度，是为了保证选拔上来的人才符合皇权所用。

科举考试制度的规则明确，考试程序严格，这使得官僚系统能够被广大民众所接受，通过科举开放出来的上升通道，使得被社会分层的人口得以流动，这种开放性增加了社会的活力，也提供了社会运行的稳定性，使得原本封闭的、基于血缘的阶级和等级社会中，出现一道希望的空隙。

秀才、举人、贡士、进士、探花、状元等及第等级，在中国官场和社会中，逐渐固定为一种融汇更加广泛的人际关系的社交领域。科举制不仅建立起服务于皇权的集权式的官僚系统，还建立起了一个具有信任系统的非血缘的社会关系，对中国人的社交关系和社会行为产生了巨大的影响。

【义， 民间非血缘关系的扩展】

"不求同年同月同日生，只愿同年同月同日死"，陌生人之间义结金兰，成为生死之交。"义"是如何成为民间非血缘关系的扩展？

"义"字最早来自具有血缘关系的部族仪式，是部族凝聚人心的仪式。

"义"在商代甲骨文中的字形，好像一把锯齿状长柄兵器，这种兵器是用在各种礼仪庆典中的礼器，表达"威仪""仪仗"的意思。后来，逐步演化为繁体字中的"義"字，即上部是"羊"，下部是"我"，意"从我，从羊"。"义"可以理解为"从我者，为义"。

在中国士大夫那里，义气为"行正世之义"，是刚正之气，是一种明大义的态度和行为。远在江湖之地，"义气"表达的是生死弟兄之间的关系。

"讲义气"，就是把对方当成自己人，当成有血缘关系的人一样对待。这样，义和义气，就成为民间老百姓之间提供社交信任的行为品质了。

【农耕文化对社交的限制】

农业耕作需要长期的协作，基于长期生产协作需要长期的信任关系，将人紧密地捆绑在社会群体中，个体从社群中获得稳定的生存和生活资料，于是，农业社会就发展出要求个体服从这种紧密协作构建起来的牺牲文化。在这样的社会紧密协作关系中，人必须牺牲某些重要的利益，以符合社会所要求的共同协作。某些时候，这些牺牲，譬如指腹为婚、三纲五常、三从四德，剥夺了一个人的自由，剥夺了一个人的独立性。

农业社会中，人们为了突破社会交往的限制，做了大量的努力，但是，将人的独立和自由返还给个体，这要等到西方的文艺复兴和工业革命发生之后了。它在还给人们独立和自由的同时，还打破了人们在一块土地上长期生存和生活建立起来的彼此稳固的信任关系，破坏了千年以来人们依赖的社会关系和社交行为模式，它重建了人们的社交关系，也带来了许多新的社交问题。

利己合理

【工业革命】

工业革命开始于 18 世纪 60 年代，机器开始取代人力，大规模工厂生产开始取代个体手工生产。机器的发明及运用是这次工业革命最重要的标志，史学家称这个时代为"机器时代"。

工业革命被分为几个阶段。第一次工业革命发生于 18 世纪 60 年代到 19 世纪中期，第一次工业革命的标志事件，是英国人瓦特改良了蒸汽机。由此人类开始进入蒸汽时代。

第二次工业革命以电力的广泛应用为标志，人类于 19 世纪下半叶开始进入电气时代。这个时期，人类的数理化和宇宙科学发生了系统性、革命性的进步，以理论和系统化的科学体系开始大大地影响工业生产。

20 世纪后半叶，差不多是第二次世界大战之后，直到今天，被称为第三次工业革命。第三次工业革命以电子计算机的发明和使用为标志，信息技术、生物科技、材料科学以及人工智能，在这 70 年里获得了巨大的发展。第三次工业革命是人类的信息科技的时代。

随着工业革命的不断深入发展，"利己合理"的理念也越来越深入人心。下面我们将一探生产方式的变革带给人们思想意识的转变是如何发生的。

【城市：陌生之地】

工业革命对人类社会形态的最大的影响，是人口的大规模的移动。工业革命带来了城市化，人口向城市转移。超大规模的城市，在第三次工业革命时期逐步形成。

在工业革命之前，人们已经开始离开家乡谋生。但是，主要是少数商人在各地域之间流动，大多数人还是在自己的故土上务农。整个群体的社会关系依然是宗族的、地域性的。

但是，工业革命彻底打破了人原来的地域性，"圈地运动"彻底使农民丧失了土地，人们离开原来的土地，进入城市，进入一个陌生的社交环境。与此同时一起被打破的，还有人与人之间的信任机制。人们的社交行为也从一个有限的地域性的熟人社交关系，逐步进入了跨地域的陌生人社交情境之中。

在较早阶段的工业革命中，人们被迫适应新的生活情况，从农庄搬到城市，几乎一生都在不同的工厂工作。许多人住在城市人口密集之地，面临城市的公共卫生不佳、住房困难、犯罪率高等社会问题。城市、工厂、居住片区，还有当时兴起的咖啡馆，成为陌生人必须面对的公共空间。在这个公共空间内，陌生人之间缺少传统人际交往中所需的长期信任，这引发了人们社交行为的巨大变化。

【短期利益与竞争】

在陌生的城市里，人们的社交行为发生了哪些变化？

在工业化生产的背景下，长期信任的匮乏，改变了人们的一些行为。面对陌生人的社交环境，人们都急迫地追求短期利益。

首先，在物质上，工业生产制造了大量的即时可用的商品。在工业分工制造的体系下，一件大衣不必经历两个月的裁剪缝制过程，而可以在需要的时候在商店里立刻购买到。工业分工生产，提供了可以即时满足短期利益的可能。

其次，因为缺少可信的中间人来介绍和担保，陌生人之间试图通过自发的相互帮助来建立个体间的信任，变得越来越困难。企业主与工人之间变成了短期雇佣关系，两个工人变成了对手。人们在原来的庄园经济下的长期雇佣与合作关系，在城市中，演化为短期的雇佣关系。

这就是早期城市化，在各个阶层，以及同一阶层内部，因为信任缺失，人与人之间存在的主要是陌生、冷漠、相互竞争的社交关系，缺乏长期的私人的合作互助。

在城市的陌生之地，对短期利益的追求，以及雇佣合作关系的临时性，使得人和人之间的信任关系愈加弱化，人与人之间的关系竞争多于合作。

【回归自己】

摆脱了庄园主或地主贵族的人身依附，在陌生的城市中，成了自由民的人们，为了应对城市残酷的生存竞争，不得不关注自身的社会竞争力。变得愈发独立的个体，随着人与人之间的社交行为的变化，文化意识上寻找新的归属的群体。这个新的归属群体是什么？

资本主义通过工业革命，靠着它强劲的生产力，最终取代封建社会。资本主义对人类社会的改变，并不像一些保守的社会学家描述的那样，是"资本主义对社会价值、社会美德的摧毁"，它使得人类从已经延续了千万年的牺牲文化中跳脱出来，重新看待和定义人本身。

在 14 世纪之前，人类一直认为自己受到自然和宇宙力量的控制和限制，在人类的心目中，大自然是人类的神明。自从西方文艺复兴以来，人类的世界观发生很大变化。哥白尼的"日心说"开启了人们对宇宙和宗教的重新认识。伽利略的比萨斜塔实验，开启了实证科学。笛卡尔那句最著名的话"我思故我在"，启动了"人类中心论"的世界观。

文艺复兴带来的最重要的社会贡献，是确立了以人类为中心的思想和文化。

【对利己的合理化】

当"人类中心论"的世界观开始塑造那一代人的个人主义的认知和行为时，人们需要在道德上对自己的利己行为进行定性——利己行为是一种反人类的行为，还是一种人类群体认同的合理的行为？利己行为是如何被认同为一种合理的行为的？谁第一个证实了利己行为是一种普遍合理的社会行为？

真正将利己动机和利己行为视为合理的，是一个苏格兰人，他就是大名鼎鼎的亚当·斯密。

亚当·斯密写过两本影响深远的书，奠定了他世界伟人的地位。一本书在 1759 年出版，叫作《道德情操论》，详细地论述了人具有同情心，并具有各种道德情感。另一本是被奉为现代经济学的奠基之作——《国富论》，在 1776 年出版，亚当·斯密在这本书里揭示了人的利己和利他的关系。

亚当·斯密从人的利己行为中发现了利他的结果。

他说过一句著名的话，这句话成为经济学最重要的一句话："我们的晚餐，并非因为屠夫、啤酒商或面包师的恩惠，而是出自他们自利的打算。我们不说唤起他们利他心的话，而说能够唤起他们利己心的话。我们不说自己有需要，而说对他们有利。"

他在描述商业社会时，还这样写道："每一个人，不需要自己关心社会福利，他也不知道自己怎么去推动社会的福利。他只需要关心自己，追求他自己的福利就可以了。但是他在追求自己福利的过程中，会有一只看不见的手，让他的努力转变为对公共事业的推动。这只看不见的手，会让他的自私自利推动社会福利的改进。"正是这只"看不见的手"，推动了人类市场经济的发展。

商业社会将个人的利己行为与服务社会的利他，视为一种行为的两种结果。正如亚当·斯密发现的，每一个人的利己行为可以形成对他人有利的结果，这是商业社会对利己行为具有的社会性的重新描述，也是将利己行为放置到社交网络的视野中来评价人与人之间关系。

商业社会将人性的利己性置于社会行为的中心，在社交关系中，将利己行为合理化，这"摧毁"了人类几千年来形成的牺牲文化和利他信仰。商业社会承认人的行为具有利己性，承认人具有利己的欲望，并将个体视为有独立行动意志的个体。

在1904—1906年，德国哲学家马克斯·韦伯创作的社会学著作《新教伦理与资本主义精神》发表了。他将以新教禁欲主义伦理为基础，描述了利己主义下，什么是合理的个人行为，那些"不是通过抢劫、掠夺等暴力手段获得原始积累，而是以合理地计算收支、有条理地安排生产经营活动为特征"，是具有合理性的个人行为。马克斯·韦伯的理论，在亚当·斯密之后，进一步明确个人行为具有的道德能量。

利己行为在商业社会中，展现出对社会群体有益的利他结果，对利己行为中的合理化部分的认同，大大改变了人类的社交行为和社会关系的发展。

亚当·斯密，马克斯·韦伯，他们是利己主义的拥护者吗？

亚当·斯密在《道德情操论》中，详细地论述了人具有同情心，具有各种道德情感。在他看来，人既有自私的一面，也具有爱心，并进而可以引发各自美德。

而马克斯·韦伯认为，新教的禁欲主义，要求个体的行为以节俭克己为道德，以奢靡和浪费为不道德，在这样的前提下，利己行为才会给社会带来积极的结果。这是他眼中合理的人类行为。

尊重利己的合理性，以及尊重个体的合法所得，极大释放了人的自我驱动力。

工业革命促进了生产力的发展，创造了丰富的物质财富，使人有机会摆脱对他人的直接依赖，个人开始不再依赖于有限的、特定的其他个体。人们把这种对利己诉求的合理化过程，视为人性的解放，追求独立和个体自主，人们得以摆脱封建时代中的人身依附。独立和自由，最终解放了人的行动能力和创造能力。

【假性利他行为的出现】

独立的个体也意味着对自己负责——利己先于利他。

在市场经济中，人们的利己成为主要目的，利他是利己的副产品。在工业革命下，法律制度将遵守社会伦理和道德的利他行为，强制规定为人的义务，成为人们社交的新的法律共识。对这个共识的认同，成为工业分工体系下人们新的信任系统。而在这个系统之外，即便利己也是合理合法的。在商业社会，利己成为基本的道德信念，利己的权利总是高于对利他的行为要求。在市场中，利己是天赋的人权，而利他是被规定的责任。

这种被法律规定的利他行为，不再是自发自愿融入他人的利他行为，而是市场分工下的"假性利他行为"。人们不必苛求自己"无私地奉献"，而是认同在统一的市场规则下，负责任地履行应尽的义务，形成了亚当·斯密揭示的社交关系——即"我"需要履行被规定的利他行为，以便可以从他人处满足利己诉求。

利他行为被强制规定、强行履行，但是，这种利他行为并没有生产出社交所需的信任，没有人愿意真正相信一个从帮助中获利的人。事实上，你不需要相信，只需要去履行义务。这就是工业时代下的社交状况。

【夏洛克为什么没得到那磅肉？】

在莎士比亚《威尼斯商人》的故事中，安东尼奥和夏洛克之间有一个契约的纠纷，于是他们对簿公堂。按照契约，安东尼奥以身上的一磅肉作为担保，向夏洛克借了一笔贷款，但是安东尼奥逾期后无法还债，于是，夏洛克坚持要求履行合约，要求从安东尼奥身上割下一磅肉，以示惩罚。

安东尼奥的好友巴萨尼奥提出愿意以数倍的贷款金额，偿还安东尼奥的借款，并请求法官同意把契约变通一下，但这个提议遭到夏洛克的拒绝，他坚决要求从安东尼奥身上割下一磅肉来。同样的，法官鲍西娅也拒绝了巴萨尼奥的这个方案建议，她同意夏洛克的要求，要求坚持按契约执行。难道是鲍西亚也非要割下安东尼奥一磅肉吗？

这个看似残酷的决定，却透露出了作为社会行为底线的法律所具有的强制性和冷酷，安妮塔和迈克尔在《莎士比亚（威尼斯商人）中跨文化商业》一文中，指出，"契约并不要求友谊，但它的确要求一定程度的信任。"群体的共识和约定成为一个群体的可以信赖的体系，是通过这种强制性来达成的。可执行的法律是社会信任系统中的最后的支持。

所以，法官鲍西娅要求契约双方履行自己的承诺，即呈现自己的信任。她要求夏洛克从安东尼奥的身上割下一磅肉，不能多也不能少，否则就要判定夏洛克违约，让夏洛克接受法律的惩罚。

当夏洛克处在两难的困境中时，他发现法律本身是不偏不倚的。正如他发现的那样，一个社会的信任系统，比如法律，是不能容许任何人来破坏的。如果有人可以通过权力、人情来干涉法律，无视普遍的社会规范和价值观，那么，这个社会的信任系统就无法建立和维持。

可见，无论是收益，还是损失，只有人们相信并能够自己履行自己义务，整个社会的信任体系才可以建立。

【法律， 强制性信任】

从社交的视角观察，法律究竟给社交带来了什么？简单地说，法律为商业社会下的社交，带来了强制性信任。

如果人与人之间只有冲突，没有信任，社会就会崩溃。人类需要为自己的生存和社交行为以及他人的生存和社交行为设定强制性的义务要求。这就是现代法律的强制性。

法律提供稳定的预期。法律是一套规则。其实，在大部分的时候，法律在生活里发挥的作用是提供一种确定性，也就是让自己或别人的行为变得可以预测。

比如我们有交通规则，所有的车都要靠右行，看到红灯要停下来，你说这个"靠右行"里面有没有什么是非、对错、黑白？有没有什么价值、正义的取舍？其实没有。法律的价值就在于所有人都遵守这个规则，这样我们所有人在行车的时候都有一种确定性可以依赖。

法律也是对人类社交行为的信任和等价的判断的基础。所以，它具有它的最终使命，就是明确正义，让每个人都知道自己的行为是否正义。

对法律的强制性服从，可以在一定程度上摆脱陌生人之间信任缺失的困境，人们的社交不必依托个人间的直接信任关系，只要认同并遵从法律系统的规定和规则，也可以实现社会合作。

在尊重个体独立和自由的思想下，法律成为陌生人相互依赖的信任系统。尊重个体平等、自由和独立的现代法律制度，在人类的社交史上，是与语言的出现同样重要的发明和工具。如同人们使用语言代替梳毛行为，提升了社交的效率，拓展人们社交的范围；法律将更多的陌生人纳入可以社交协作的环境中，拓展用语言和行为无法触达的更广大的社交人群。

【社会信任】

在现代社会的法律之下，一个人可以真正信任另一个人吗？

法律为了解决陌生人之间交往的问题而出现，但是，人与人之间的社交信任是"假性"的，只有法律提供了强制性信任。弗朗西斯·福山在《信任》一书中指出，社会信任来自自发性的社交关系，强制性不产生真正的信任。法律进一步将人群分离为只需依托法律，而不需依托信任的独立个体，这个问题在科技大发展的时代，显得尤为突出。

一个社会人与人之间如果纯粹通过法律来提供社交和交易的信任保障，一旦这种强制性信任动摇时，人们反而会肆无忌惮地、没有任何约束地、不择手段地获取外部的资源。这就是我们在现代社会的暴力骚乱中看到的：暴徒们冲击商店商场抢走日常用品，抢走汽车，甚至有的暴徒直接冲击银行。所有这些在正常的法律制度和秩序下被认为是犯罪的暴力行为，一旦法律不再出现，或者人们认为可以忽略法律的存在时，就会发生这种肆无忌惮的损人利己行为。这就是现代法律制度隐含的社会的脆弱性。

当一个社会中的个体之间自发的信任关系不存在时，或者人与人之间的信任关系只依靠像法律这样的强制性信任机制时，人与人之间的社交，更多会通过权力、暴力来获取资源。因为在这样体制下的人与人，其实更多体现为缺乏有效信任的陌生人关系。

在现代法制制度下，人与人之间的信任关系，是建立在一种假性的利他行为上的。这些利他行为来自法律规定，是人们不得不履行的最小的牺牲行为，以便使自己能够以法律体系的最小代价，存在于这个社会中。当人们习惯于使用法律规定，来提供人与人之间的利他行为时，结果会把法律之外的真正的善意视为不必要，甚至认为是矫情的、不合理的，另有他图的。

当人们的对外依存关系所需的信任需要额外的法律制度作为补偿时，正说明了人与人之间真正的自发的信任关系正在弱化，不再发挥效力，甚至不复存在。假性利他的信任关系，即法律制度的被动约束，代替了人与人之间真正的利他的信任关系和情感纽带，法律机制看似增强了人与人之间的合作，但实际上却暗含了人与人之间信任关系变得更加脆弱，合作变得更加难以自发进行的现状。

人与人之间的关系不是更加紧密了，而是更加松散和离散，这种看似个人的独立和自由，也说明人与人之间更加难以发生直接的情感维系。在这样的社会体中，任何一个人都可以被放弃，而不会有人感到有情感的冲击。当任何一个人都是与"我"不相互归属的、独立的个体时，"我"没有动力或者要求去维护他人的利益或存在。换言之，当群体的归属感消失，每个人成为归属于自己的个体时，就不会再有群体的利益需要个体牺牲自己来维护，同样个体也不会为了不存在的"群体内"的其他的个体，牺牲自己或付出自己的利益和资源。

福山在他的《信任》一书中提到了美国社会正在扩大的非信任的社会分裂状态。分裂的社会无法进行有效信任下的合作，人与人之间的合作成本，交易成本增加，进一步弱化人与人之间的社交与合作，进一步扩大人群之间的分裂状况。

在工业革命和资本主义发展后的三四百年的时间里，人类的科技水平突飞猛进，进一步将已经被空间割裂的社交和信任关系在时间上割裂开来，这种"脱域机制"，将人们从"彼此互动的地域性关联中……脱离出来"，使得人们能够和"在物理上不在场或远距离的人发展关系"。人类的社交行为，因为科技的发展而发生了又一次重大的变化。

进化是不可逆的，它一旦发生就必须向前。面对法律和科技的现代社会，人们不确定，这是一件值得庆幸的事，还是一个让人彷徨的结果？

回归孤独

进化是不可逆的。当长臂猿实行严格的一夫一妻制时，也永远地改变了它们的生活形态和行为方式，因为人的行为需要在认知上获得合理性，罗宾·邓巴说，"真正的一夫一妻制需要行为和认知上的重大改变，进而带来脑结构的变化，这种变化一旦成形就很难还原了。"

对于人类的社交来说，也是如此。当利己成为一个重要的社会价值（创造力的来源）时，人类的社交形态也会发生巨大的永久的改变。

科技的发展更加深刻地改变着人们的行为和认识。其中一个改变，就是人与人之间的隔阂加深，对情感的屏蔽和漠然，让人类回归孤独。

【科技时代】

自工业革命两百年后，人类社会进入科技时代，人们称之为"第三次科技革命"。

科技时代，以电子计算机的发明和使用为标志。其中最重要的，应该是以香农的信息理论为标志的信息技术革命，因为它几乎改变了一切科学和认知的基础。

信息理论的创始人，美国数学家克劳德·香农，在 1948、1949 这两年内，相继发表了《通信的数学理论》和《噪声下的通信》两篇论文，提出了信息熵的概念，几乎一个人提出了完整的信息理论，涉及信息量、信息编码、信息安全、信道编码等。

信息是"创建一切宇宙万物的最基本单位"。"麦克斯韦妖实验"还进一步阐明了，获得信息是需要能量的，从而将信息与宇宙的基本存在（能量）

形态联系在了一起。

事实上，信息理论是当今几乎一切科技大发展的基础。在计算机领域，发展出了计算机和芯片技术等；在生物科技领域上，发展出了基因技术和生物技术等；在人工智能领域，发展出了图像识别、语音识别、人工智能、大数据和机器学习等；在通信领域，则发展了数字通信、互联网和移动通信；在心理学领域，发展出了认知心理学和完形理论。统一的信息论，将人类至今的全部认知，统一到了"信息"这一单一的认知单元。

另外，香农还是第一个将布尔代数引入电路的人，开启了符号逻辑和开关理论。1938 年，他的硕士论文《继电器与开关电路的符号分析》，开创了数字电路的理论基础，这在后来发展为集成电路和 CPU 等芯片技术。

因为信息技术和数字电路的大规模应用，在科技时代，工业和商业的分工体系，进一步联合了一切商品和服务的制造、运输和交付等工作，也将人类的行为数据化、信息化。因 DNA 和基因序列的发现，人们发现了生物遗传物质的信息属性。信息，不仅是人的行为和设备运行的结果，还反过来，指导人的行为，影响人的社会关系。

可以说，科技时代就是一个信息时代。

【碎片、 多样、 脆弱和平等】

科技带来了哪些社交上的变化？

信息时代下的社交行为，被信息技术和网络技术在时间上分割，在空间上隔离，呈现大规模、碎片化、多样化、弱信任的社交状况。

在碎片化的网络社交中，人们进一步放弃以生命、情感、财富，甚至人格作为信任的"抵押"，相反，人们以更为容易的通信符号来连接彼此。人与人之间的社交不再需要付出重大的代价，而是基于几乎无成本的言语和符号，网络环境中的人与人之间的信任关系，也因为这些低成本的符号而变得轻松却又脆弱。

自工业革命以来，虽然科技使得人们的日常行为愈发碎片化、多样化，也呈现弱信任的状态。但是，长周期的生产仍然在继续并扩大，生产活动依赖的低成本交易，要求长期的信任关系。问题是，在这样的长周期的生产关系中，人与人的直接信任活动几乎降低到零。那种基于面对面、一对一的直接信任随着工业革命已经一去不复返了。

在工业革命创建起来的法律信任制度体系下，其实减少了人与人之间的相互投资，它是更加宏大的社会化的信任关系。虽然没有情感浓厚的信任，但是，依靠法律赋予的权利的平等，人们日常生活中的社交，反而能够更加平等地进行，商业交易就是这样一个例子，人们知道，相互间的买卖交易，可以通过更加强力的法律权力来平衡单个交易中的权力不平衡。

【符号利他行为】

科技给社交带来的另一个便利之处，就是让社交可以随时发生，即便远在千里之外，人们的社交关系依然可以借助科技来联结。但是，为什么人与人之间的情感和关系却逐渐变得淡漠了？

科技便利也带来了另一个特点，是科技社交媒体降低了人们的社交成本，这也减少了人们建立深度信任和深度社交关系的机会。

在信息时代，碎片化、多样化、弱信任的社交状况，降低了很多人的存在价值，也进一步降低人们的完整的信任价值。在这种情形下，人们只能在某些方面呈现信任，将更加依赖网络和信息，依赖网络中传递的文字符号，依赖数字化评价系统，将自己的信任也碎片化，散落在各个数字评价系统中。人与人之间的直接社交行为不断地减少，通过信息化的符号来表达正在成为人们主要的表达形式，信任依托的利他行为也随之碎片化、符号化、数字化，从而在人与人的社交行为上，更多地表现为"符号利他行为"。

当人们的行为成为一组支离破碎的数字和符号时，人们也可能最终放弃现实世界中的直接利他行为，转而尽力维护自己的数字评价系统。这样，原本经由人与人接触形成的利他互助，如同几百万年前的梳毛行为，建立起来的基于情感的社交和信任，以及由此构建的信任体系，将会慢慢地消失。

【数字评价系统，　新的信任系统】

数字评价系统，会成为人类新的信任系统吗？

当然，科技时代下的社会关系和社交行为，依然需要遵从法律规定的社会信任系统。个人间的信任关系的脆弱，会使得人们通过减少社交来减少可能的损失，或者进一步强化法律系统的强制性，从而将人们约束在法律体系下。

碎片化的社交行为，可能会引导人们进行低成本社交，这进一步降低每一次社交的信任价值，人与人之间形成更多的弱信任关系。陌生人之间并不排斥一次性交往，一次性的、非长期的社交行为会经常发生。这样，碎片化的社交，也会要求进行快速的信任价值——信用的评价。

社交关系的大规模和多样化，以及由此产生的大量、多样的信息，让人无法以人力来完成信任的评价，数字化评价系统，可能会逐步成为科技时代下人们社交的信任系统。

【个体信任价值的模糊】

"数字评价系统"真的可以评价我们吗？如果不能，那么"我变成了谁？"

在信息时代，即便回到线下的现实生活，社交行为也会发生变化，数字化的信任评价也会成为人们线下生活的标尺，只要不在这个标尺下的行为都将不再成为人们信任的来源。

人们的社交行为，将完全摆脱时间和空间的限制。信任的信息化和数字化以及市场环境下的"假性利他行为"，使人们只需完成规定的利他行为，人们可以将更多的精力投放在利己诉求的满足上。人们将无法感知哪些是真诚的利他，哪些是法律规定下的利他行为，将会漠视身边出现的帮助的行为。

这种碎片的、数字和符号形态的社交关系，在模糊了每个人的个体信任价值的同时，也在模糊人们对"自我价值"的评价，那个来自两千多年前的哲学声音——"我是谁?"，越发无法回答了。

【 新的孤独 】

自西方文艺复兴时期以来，人类发展起来的人类中心论的世界观，正在面临挑战。人类也不再自视为宇宙的中心，人际关系可能变得更加不稳定，无法持久，社会关系可能面临进一步"颗粒化"的挑战。

信息化时代下的社交，将不再需要个体间的直接利他行为来建立和维持信任和情感。经历了千万年的人类社会化过程，以及借由信任来对抗生存风险的情境也在消失。这个时代下，个体拥有的信任和情感将面临脱离个体的可能，而不再视作一个人重要的社会资源，人类的社会性可能在科技的支持下被虚无化，这会改变人与人之间的依赖关系和社交模式。

通过移动设备，我们在移动中彼此交谈，我们彼此联系得更加紧密，但奇怪的是也变得更加孤单，在这种亲密关系中出现了一种新型的孤独感。

人们的信任和情感，可能将在数字化评价系统中，被肢解、屏蔽和难以探寻。未来人类将以什么动力来探索前方的道路，寻找自己的归属之地呢?

重建自我

【如果可以活到 150 岁】

2005 年，美国未来学家雷蒙德·库兹韦尔，出版了著名的《奇点临近》一书。在书中，他预测，到 2045 年，计算机的智力将赶上人类的智力，人类会因基因技术、纳米技术、机器人技术上的突破，实现"永生"，而严格意义上的生物学的人类将不存在。他预计，人的寿命在未来将超过 150 岁，如果能够预防 90%的疾病，那么人类的寿命还有可能超过 500 岁；如果能够克服 99%的医学问题，人类就可以活过 1 000 岁。

如果未来这一切发生，那么人类的社交行为也一定会因为这些变革而发生巨大的改变。

【人机信任系统：我是谁?】

经历信息时代脆弱、碎片化的人类社交，不得不面临这个新的问题，正如《三体》中，幸存的"蓝色空间"号星际飞船，杀死了自己的同胞，逃离地球的那一刻，它就不再具有人类社会的属性了。那么，它们是谁?

当机器智能化，或者人机结合的新人类诞生时，信任也将不再仅仅是人与人之间的信任。信任会出现在人与机器以及机器与机器之间，所有出现智能交互的人或机器之间的行为，只要存在延迟满足的情形，都会需要发展出一套数字化信任系统。

这个"人机信任系统"是如何构建起来的，人们以及智能设备如何参与这样的社会系统，进行交互，将会是人类社交需要解决的新问题。当这个问题得以解决后，人类的社交以及社会关系，将发展出一整套全新的模式。

"人机信任系统"，将进一步将人类本身"肢解"，我们很可能要面临人类的新的伦理问题：我是谁？智能人类是谁？

在智能科技下，人类的社交行为会更加确定吗？当所有的机器和设备都以一系列的数字指令来完成交互时，社交就会成为"流程"，人类将获得对他人、社会生产和社会行为的极大的确定性，这个确定性由信息传递并认证，不需要人为的干预或介入，人类本身也会成为确定性的一部分，社会的运行效率将极大提升。在未来，"人机信任系统"会包含一个人所有的信任价值，成为人与人社交的重要界面。

【智能机器人】

人与人关系的脆弱性，使得人们不得不认真对待与他人的联系，以及在与他人关系中付出的努力。

随着技术的发展，人与机器的关系可以变得越来越"真实"。"在机器人的陪伴下，人们是孤单的，但也感到与他人连接在一起，在这种孤单的环境中，出现了一种新型的亲密关系。"

智能机器人的程序如果被设置成满足人类所提出的一切需要和欲望，那么它就像一个真的人一样尽心地为我们服务，而且没有一个真人的各种缺点。他可能像一位溺爱孩子的妈妈一样，让人类失去分辨正确是非的环境。当一个人能够从机器人那里得到食物、关心甚至情感等所有满足的时候，他就可能失去发展和进化的需要和动力。当机器人给我们带来良好的感受的时候，也可能是我们正在失去我们作为人的过程。

当然，机器人也可以设定成向我们索取关爱，他们会撒娇，会假装不开心，他们设定让我们为他们做些什么。机器人可能会运用社交行为的理论，让我们在付出的同时，帮助我们收获自身所需的情感和自我价值。但是如果我们发现这一切是设定好的游戏，或当我们退出游戏时，我们是不是依然会感受到空虚和孤独？"当机器人被当作一名虚拟伴侣时，亲密与孤单之间的混淆可能表现得最明显。"

机器人并不会因为我们的付出而感受到真正对他们需求的满足，机器人毫无私心，没有任何利己的动机，但我们很可能感受不到因真实的需要被满足后产生的幸福感。我们可能失去了作为人类千万年来赖以形成社会归属的牺牲精神。在未来一个机器人服务我们的世界中，我们不需要牺牲自己，不需要付出与奉献，只需要满足自己的欲望和要求，那么对人类来说，那将会是一个怎样的世界？

【人类还有未来吗？】

当哲学家在形而上地思考"我们是谁？我们从哪里来？会往哪里去？"这三个终极问题时，数学、物理学和化学也在从一个符号化的计算推演逻辑中，寻找这个世界的真相，寻找我们会往哪里去。

科学正在尝试为我们建立一个更加确定的未来，包括我们人类自己。如果这条道路可行，那么我们可以认定，未来一定会出现人类无法操控的智能机器人。

第一个采用亚里士多德的形式逻辑，进行推理的数学家是欧几里得，他的那本《几何原理》是第一个在严密的形式逻辑推导下形成的公理体系。这是公元前约300年发生的事情。

到了19世纪末20世纪初，德国著名的数学家希尔伯特，对欧几里得创立的公理体系做了进一步的形式化定义。他认为数学是自洽、独立和完备的公理体系。于是，只要数学体系是完备的，那么我们就可以认为人类至今获得的所有物理成果也是完备的，这就是说，物理体系和数学体系可以完全地解释并可以重建这个世界和宇宙。

但是，到了1931年，出生于捷克的年轻数学家哥德尔发表了一篇论文，他证明希尔伯特所谓的数学体系同时满足相容性和完备性的设想是错误的。

哥德尔提出不完备和不相容定理的缘由，是来自罗素的一个理发师悖论，就是要回答"理发师可以给所有人理发"这个命题的真伪性。

哥德尔的不完备定理证明，形式逻辑推理的体系无论有多么严密，比如数学体系和基于数学体系的物理学体系，总是存在一些命题是无法证明，也无法证伪的命题，即没办法得到答案。也就是说，这个世界总会存在一些数学和物理这样的形式体系无法描述和解释的现象和内容。

1937年，英国科学家，被誉为现代计算机之父的艾伦·图灵，采用与哥德尔类似的思想，设计了一台著名的思想机器——"图灵机"。他发现，并不是所有的数是可计算的，事实上，绝大多数都是不可计算的。他因此回答了希尔伯特提出的"判定问题"：任何形式体系中必然存在不可判定的命题。数学是不可判定的，数学的这种不完备性来自一些数本身的不可计算性。

于是人们发现，由这样一个不完备的数学体系和物理学体系构建出的智能计算机，总会留下一些它们无法解决的问题，甚至是无法理解的问题。人类希望通过建造一个超级计算机来解决世界中的所有问题和判定决策，将是一个不可能实现的梦想。

这个破灭的梦想也为人类在未来智能时代的世界中，留下了找到人类存活可能的一扇窗口。我们可以说未来的智能计算机可以在很多工作上超越人类的能力，替代人类的劳动，但是，这个世界总会存在一些空间，它们无法被任何智能机器人所涉猎，它们是留给人类去发现和创造新的事物和新的世界的净土。

在未来的科技社会中，最终会为人类留下一个我们可以创造新世界的空间。这是哥德尔和图灵告诉我们的：人类是有未来的。

【继续探索】

"我们将会是谁？"

这个答案，我们不知道。自然选择和进化的力量，似乎没有准备回答这个问题。但是，我们可以确定：在未来世界里，无论发生人与人之间的社交，还是发生人与机器之间的交往，当资源是有限的，资源是需要交换的，是延迟满足的，还有对意义的追求，那么，情感就一定会继续存在，信任的产生、识别和运用的体系及运作机制就必然存在。

只要人类仍然同时具有利己性和社会性这两种需求和特征，那么，信任和利他就一定会被要求、被需要，牺牲也一定还会继续是人类群体对社会美德的标尺之一，而情感就还会成为人类追求的归属之地。

〉自由与信任

自由，还是信任？

人类进入社会，开始社会化进程，从一个孤独的人，开始让自己变成社会人，这其中，人习得的最重要的能力，不是吃住行，而是社交的能力。

卢梭在 1755 年出版了《论人类不平等的起源》一书。在书中，他认为，最初的人类状态是孤独而自由。如卢梭写道："游荡在浩瀚森林里的野蛮人，……彼此间也没有任何联系。他对同类没有任何需求，……他不为情欲所牵绊，自给自足，……他只会感受到自己真正的需求。"

1970 年，弗朗索瓦·特吕弗拍摄的电影《野孩子》，根据 18 世纪法国的一宗真人真事改编，故事讲的是：一名小孩子在丛林中长大，后被发现，带回文明社会。这个男孩，被称为维克多，在山区的森林中独自生活，过着一种"纯粹的动物生活"，当人们发现他的时候，他已经 12 岁了。他没有任何沟通的能力，他会抓咬所有靠近他的人，也无法集中注意力接受一些教育，他甚至不会打开一扇门，如果食物悬在高处，他也不会使用梯子去拿。他无法与他人合作，几乎不能完成较复杂的事务。人们发现，维克多无法信任任何人，他是一个"野蛮人"。一个野蛮人只需要拥有个人的自由的行动能力就可以了。

一旦人们开始社交，两个人的自由就会发生碰撞，对同一件事情，是依据你的自由还是我的自由呢？为了自由，人们可以放弃生命和爱情，就像裴多菲的那首诗歌：生命诚可贵，爱情价更高，若为自由故，两者皆可抛。但是，抛了之后怎么办？

【信任】

在社会交往中，除了自由，我们还需要"信任"。

一个人的自由及其行动能力，不是给自己带来自由，就是可以给别人带来自由。能为自己带来的自由，我们就称之为"自由"；能为别人带去的自由，我们称之为"信任"。

当一个人拥有财富可以支持他自己环球旅行，这是一个人的自由能力。如果这个人用这些财富来支持另一个人去环球旅行，这展示了这个人的信任价值，也就是这个人具备的可信任的行动能力。如果这个人拥有这些财富，不愿意支持有天赋的人去环球旅行，那么，这个人虽然拥有财富的自由，但却不具有可信任的行动能力。

人们通过各自拥有的这些自由能力，来实现社交行为。

在社交行为中，信任和自由一样，构成一个人的两种行动能力。自由，标识一个人拥有自主选择的行动能力和状态；信任，标识一个人实现他人自由的行动能力和状态。一个人全部的行动能力，可以表达为"**人 = 自由 + 信任**"。其中，信任是呈现一个人为他人行动的一种能力。

一个社会人拥有的自由，是一个人的行动的能力，包括人的生命能力（包括健康、性、行动和家人），自我人格（包括自我认同、智慧、成就等），表达情感的能力（包括爱、亲情、情绪和情感、道德情操等），以及个人拥有的财产和资源（包括生存资源、私人财物、日常开销等）。

在社交中，信任来自被牺牲或放弃了的自由，是一个人的自由的另一种外在形式。一个人具有的自由能力和信任能力的总和，展示出一个人的"社会行动能力"。

你能相信一个 3 岁的小孩，可以解答出一道微积分算术题吗？女孩遇到妈宝男友，为什么会觉得没有安全感呢？如果一个人的自由行动的能力不足够，他也可能无法展现出某些信任价值。

这就是说，一个人的全部能力是由他所具备的自由能力，以及由此演化而得的信任能力组成。信任是在社交行为中对一个人奉献出他的自由（比如付出行动）的一种补偿。这种补偿既是个人的，也具有社会性。一个人具备的信任就是其参与社会交往的社会资源。

【趋利避害：行为的底层驱动力】

王东岳曾经写过一篇关于"愚蠢的蚊子的智慧"的文章，他照着庄子的寓言风格，说：蚊子蚊子，你们怎么这么傻，我眼看着你们飞过来，将你们一一拍死，而你们却不知道动脑子，想一下策略，保全自己的性命，只是"懵懵然唯图进击，大有不吮足我的血则死不罢休的架势"，你们不知道"趋利避害"吗？

蚊子回应说，我们雌蚊每只每次可以产卵几百粒，即便有 1/5～1/3 的损失率，仍然可以保证 5 只雌蚊诞下几百个后代；但是，如果每只雌蚊都开始"珍惜自己的性命"，担心自己被拍死，而不去冒险吸血，那么，在雌蚊短暂的生命期内，就没有足够的后代诞生，这样，蚊子这个种群就会灭绝。我们蚊子没有人类的智慧，但是，却采取了最有利于自己的行动策略——冒着被拍死的风险，吸血产卵，总有保全性命的雌蚊可以繁衍后代。

趋利避害是所有生物体行为的底层驱动力。利，是指可以促进生物体的生存和繁衍的内容；害，正好相反，是指一定或可能抑制生物体的生存和繁衍的内容。不同的生物体对什么是"利"，什么是"害"有不同的评价和选择。

可见，蚊子的"视死如归"还是其选择"趋利避害"的结果。

在日常观察中，飞蛾扑火、细菌体的趋光效应也是趋利的，光和热可以增强细菌体的活力和繁殖。事实上，人类也是一种趋光动物，山林里的一盏微弱的灯火会激起我们生存的力量。我们人类也喜欢居住在充满阳光的地方，而不会选择居住在寒冷的北极或南极。

相比之下，人类的繁衍策略，没有沿用蚊子的行动策略。因为大多数女子一次只能孕育一个孩子，如果仍然以 1/5 的损失率来进行繁衍子嗣，那么就意味着要牺牲 5 个女子才能生下一个孩子。如若真是如此，人类恐怕早就灭绝了。人类必须争取保证每一个孩子的存活，每一个母亲的存活，这样才能保证人类这个群体的数量逐渐增加。于是，在人类的每一个个体身上，我们可以看到，人们争夺每一个有助于生存的资源，回避每一次有可能危及生命的危险。"趋利避害"是生物体底层动机，在每一个人类个体上，表现得十分显著。

【自由，还是信任?】

在战场上，一个人想要保全自己的性命，就难以在战场上奋勇杀敌；如果为了国家和民族，就很难考虑保全自己的性命。

我们面对一个摔倒在地的老人，是选择去搀扶还是旁观呢？当我们帮助老人时，我们需要花费一些时间和精力，成为一个值得信任的人。但是，我们又担心老人及其家人会因此讹诈我们，要我们负担救治老人和康复费用，这可能超出了我们可以承担的能力。

虽然我们都渴望完全的自由，也希望拥有足够的信任，我们更希望，在信任中实现个人的自由和欲望。自由与利己相关，但是，信任需要履行利他。

对人类个体来说，当趋利避害的动机启动时，信任就可能与自由发生冲突。选择自由，还是选择信任，是一个人时时刻刻要做出的行为决策。

两种信任观

"我信任你"，这句话有什么含义？

从传统字面上来看，就说话人对听者表达信任，相信对方可以做到某某事，或具备某种能力。一旦对方食言，或者办错事了，这个说话人痛心疾首地对对方说，"你错了，你辜负了我的信任。我们俩今后一刀两断。"

这里的逻辑很奇怪。无论是说话人说"我信任你"，还是后来又说"你辜负了我的信任"，原本这个听者在前后都没有发生什么变化，但是在说话人眼里，这个人从一个可信赖的人，变成了一个不可信赖的人。

这里面出了什么问题？

这里涉及人们对"信任"容易混淆的两种观点。

【"信任付出"观】

上面的情形展示了第一种信任观。这种观点认为，信任是我们给予他人品行的一种认同。信任是我们给予对方，是我们付出的东西，诸如我们付出了情感、承诺或者某种代价。

"我信任你"，还有"你辜负了我对你的信任"，暗示着说话人的一种付出："是我对你付出了我的信任，如果你辜负了我的信任，就是对我的伤害"。在这种"信任付出"观下，我们容易会对付出的"信任"耿耿于怀。

这种信任观将信任视为一种早已有之的、先验的心理状态。如果我信任我的朋友，我就会生成出一种信任的感受，并赋予我的朋友，使得他拥有了"我对他的信任"。"我对朋友的信任"是私人的，所以，他在其他人那里就不存在这种信任。但是，事实上，我的朋友在其他人那里也会拥有类似的信任。这显然不符合我们对一个人的信任的观察。每一个人都具有相当稳定的信任价值，不会因为某个人的意志而改变。

【"信任收益"观】

第二种"信任"，是将信任作为一个人自身拥有的东西，比如"信用"。在"社会人"的视野中，信任来自一个人自由行动能力的结果，所以，信任也被视为一个人行动的补偿或收益。

比如，"他是一个没有信用的人"，其中的信用就是描述一个人自身具备的可信任的行动能力。银行用授信额度来量化一个人的信用状况，在电商业务中，也会使用"信用"，如芝麻信用，都是来表现一个人的信用状况的。

在金融交易行为中，一个人的偿还能力被视为他的"信用"。银行愿意给一个人贷款，可能因为他有良好的历史还款记录。这里面的信任是此人本就具备的个人信用，而非银行单方面赋予的。

在非货币属性的社交行为中，也有同样的逻辑，一个人保护他人利益的行为能力被视为他的"信任"。这里的"信任"，是一种社交下的"信任收益"观念。

一个做了好事的人，被人信任，是因为这种信任源自他自身的助人行为。他帮助了别人，他的信任能力以及由此形成的"信任价值"就会被呈现出来。一个人的信任，并不需要其他人的给予，也不能被他人收回或摧毁，一个人的信任价值由他自己向所有人展示的个人行动能力来标识。

【信任，是"我"的行动能力】

如果我们将上面那个说话人的"我信任你"这个说法，稍稍变化一下。

说话人说，"我有能力信任你。"他接着说，"如果你做好了这件事，说明我对你的办事能力看得很准，如果你没有办好这件事，我也有能力应付你留下来的烂摊子。"

于是，那个办事的人还是原来那个办事的人，无论他办好或者办坏了事，对"我"来说，都有能力应付、处理。这就是"我有能力信任你"这句话的内在含义。

如果办事人办砸了事，我也不悔当初"相信"对方，我面对的是我自己的信任能力，我没有给予对方任何"信任"，我懊悔的是我自己没有看清你的能力。

信任不是由他人决定的，而是个体自己的一种能力——是个体自己所具备的行动能力。一个人的信任预示着他自身在社会环境中的行动能力。

【信任，联合他人行动的能力】

春秋战国时，秦国的商鞅在秦孝公的支持下主持变法。为了推进改革，商鞅下令在都城南门外立一根三丈长的木头，并当众许下诺言：谁能把这根木头搬到北门，赏金十两。秦国的老百姓无人敢信，于是商鞅将赏金加至五十金。有人竟然做到了，商鞅立即赏了他五十金。商鞅这一举动，在百姓心中树立起了威信。从而将秦国的百姓联合了起来，商鞅变法得以顺利施行，很快在秦国推广开了。经过数十年，秦国渐渐强盛，最终统一了六国。

一个值得信赖的人，在生意场上，也总是能够得到更多的机会，获得更大的订单，从而可以连接更多的企业家和政府机构。信任就是这种连接能力的体现。

信任不是他人给予的，而是个体拥有的行动能力，它体现着个体联合他人行动的能力。

一个人具备的信任能力，还代表他所拥有的或未来可能拥有的社会关系。在一个社会中，当所有人的信任总和在一起，就构成了该社会所拥有的全部社会关系——这个全社会关系就是一个社会关系网络。

【信任，确保"我"的行为是确定的】

如果我是一个有信用、值得信任的人，那么，在他人的眼中，"我"的行为是确定的，对方的行为也因我的信任而具有确定性。

所以，信任不是评估对方行为的可能性，而是确保"我"的信任行为是确定的。强调信任是"指向自己"的，是因为信任发生的场所在自己，而非他人。

只有当对方了解我，看到我具有的行动能力，以及曾经做出牺牲、协助他人的行动，并能够预期到我的行为可以给他带来确定的收益时，他才能相信我，这种"相信"不是源自他人的好意，而是来自我向对方提供了我的行为的确定性，是他接纳了我的信任能力。他知道，和我交往，会发生什么，可以得到什么。如果我也观察到对方的信任能力，那么我与他之间的社交就能够得以发生。

【信任，不总追求对等】

正因为信任是我们每个人自己拥有的行动能力，每个人拥有的"信任"也各不相同。在现实的交往中，朋友之间、兄弟之间，甚至夫妻之间，总是有一方为对方付出更多，一方总比另一方有更大的行动能力，具备更强大的信任能力。

我们从中看到，在社交关系中，信任是单边的、单向的，是我通过我的行为而构建的。正因为如此，两个交往中的人各自的信任能力，未必是对等的，或者有时不一定要求对等。人与人的双边信任关系，实际上是以两个不对等的单边的信任，分别独立存在的。

但是，不对等的信任关系，常常无法长期存在，信任总是会以不同的方式补偿对方过多的付出。

【"信任收益"观的总结】

自由和信任构建了一个完整的社会人。自由是人的行动能力，而信任源自人的自由能力。不同于个体的自由，信任这种能力却能够连接他人的行动能力，促使人们通过联合，扩大双方原有的自由和行动能力。

我们小结一下，一个人拥有的信任具有以下四方面的特性：

（1）信任，是个体自身的一种确定性。

（2）信任，是向内的，单边的；信任指向个体自己，并不指向他人。

（3）信任，是个体的收益，而不是一种付出，个体真正付出的是一个人的自由和行动。

（4）信任，是个体的行动能力，来自个体的自由行动，也是对自由行为的社会性补偿。

用一句话总结信任就是：信任来自人的自由，对自由的使用可以决定一个人的信任状态。

信任可以对抗风险吗?

【信任的困境】

因嫪毐之乱的牵连,秦王嬴政免去了吕不韦的相邦职务,重用李斯,征伐六国。同时期的赵王偃却信任倡后,最后在偃死后,倡后和郭开两人排挤大将军李牧,联手葬送了赵国。齐王田建因相信秦国"六百里封地"的许诺,放弃抵抗投降秦国,结果被流放饿死。

而日常生活中,父母为了锻炼孩子的独立完成事务的能力,会完全放手,比如拖地板,可能孩子把客厅地板拖得都是水了,父母才会出来收拾残局。有时候,父母会带领孩子如何正确地拖地板,总之,父母需要花费额外的气力、时间,甚至面临地板进水的损失风险。

这样看来,信任他人真的可能会给我们带来损失。有时候,损失会很大,赵王偃和齐王建信任他人的结局是让自己亡国饿死。这也是人们不会轻易相信别人的原因。

社会学家多伊奇认为,风险行为和信任行为是一枚硬币的两面。在德国社会学家卢曼看来,信任是意味着已经意识到风险的存在,并将信任当作"在意识到存在风险的情境下的一种冒险行为"。

直觉上,信任与风险有关,如果没有风险,也就不需要信任了。当人们将信任与风险或者损失捆绑在一起时,就容易陷入"信任的困境"。

在"信任的困境"中,我们的"信任"会将我们引向紧张、担心和恐惧,它会让我们的行为变得战战兢兢、小心谨慎,而不是我们期望的那样——"信任"带给我们原本希望的放松、满足和快乐。

【信任不会减少风险】

社交的一个困境是"信任是否可以对抗风险?"

我们发现，当信任发生在赌桌上时，即便存在倾家荡产的风险，赌徒们也不会考虑解除这个风险，赌徒们坚信"我一定会赢的"。但是，赌徒的这种自信并不会降低赌博带来的风险，血本无归仍然是赌徒们的最后下场。

事实上，这个风险不是因为信任自己或信任他人造成的，风险原本就在那里，它不会因为信任而增加，也不会因为信任而减少。也就是说，信任并不能减少风险，也不会带来额外的风险。

比如，一个刚入职的新员工，被安排独立负责一个项目，这个安排并没有减少项目失败的风险，但是，新员工体现的能力和领导的信任，增加了新员工干好项目的可能。

如果一个人还在考虑风险的存在，那么在这个层面上，信任是不会发生的。人们只有在对未来期望"感觉完全确定"的预期下，才会发现信任并付诸行动。信任并非用来规避风险，而是使人确信信任的后果或损失是可接受的，并由此继续行动。如果这位新员工本身不具备履行任务的能力，那么，领导即便偏好风险，也不会这样安排。

信任与风险是两种不同的东西。风险是外在的，信任是一个人的内在价值和能力。

【信任并不是冒险】

你可能认为，信任虽然没有减少风险，但是信任可能会导致己方的损失，我相信对方，借给他 10 万块钱，但是他拿去赌博，输得一干二净，我的这个信任不就是一种冒险行为吗?

冒险行为是明确知道有损失风险的情况下，仍然坚持行动。我们可以在冒险的时候，仍然拥有自己的信任或者信任的行动能力。当我们选择冒险行为时，信任告诉我们，我们愿意接受这个确定的风险和可能的损失。但是，当我们无法接受冒险的后果或者风险时，我们会发现自己的信任能力不足以对抗冒险行为可能造成的损失，也就不会产生信任。

如果领导认为重用新来的员工是一个冒险行为，那么，他就会时时刻刻关注新员工的行为，对可能造成损失的行为进行干预。新员工由此就可以发现，他的能力并不足以让领导信任自己。

无论有无信任，冒险行为与信任的行动能力都独立存在。一旦人们接受了风险和可能的损失，这样的"冒险行为"就包含一个人的信任。如果对人或事的信任让我们的行为变得战战兢兢、小心谨慎，那么这种"信任"并不是真正的信任的感受，这些感受恰恰反映了我们还不具备相应的信任的能力。

你是值得信任的人吗？

一位父亲对我说，他初二的女儿常常玩手机，影响学习，他尝试与女儿约法三章，效果不明显，后来，又想收掉女儿的手机，女儿对他说"你为什么不信任我？"为此父女两人发生冲突。这位父亲不想做一个霸道的父亲，但是面对这个局面，他也很苦恼。他不是不信任孩子，就是担心孩子控制力不足，耽误了学习。这就涉及如何信任的问题。

之前我们讲到，信任是一个人通过自身行动获得并拥有的，尤其是在社交行为中，获得的结果。这个简单的道理体现在具体的行为中，就是你帮助了同事，你才会得到信任，相反，如果你没有帮助同事，你的信任就不会呈现。

一个人的信任包含三部分内容：

第一部分是"我信任自己"，表达了一个人具备的自由行动能力。它是个体信任自己的能力——自信力，表现为一个人实现自身自由的行动。

第二部分是"值得被他人信任"，表达了一个人与他人的社交能力。它是个体呈现信任的能力——可信力，表现为一个人实现他人自由的行动。

第三部分是"我信任他人"，表达了一个人有多少能力愿意承担他人的行动结果。它是一个人对他人的接纳行为，体现为一个人接纳损失的能力——信托力。

所以，一个人的信任能力，可以由他的自信力、可信力和信托力三部分共同构建。既然信任作为一种能力，是由人的行动能力来支撑的，就可以通过学习和训练这三种行动能力，获得信任的能力。

【我信任自己】

第一部分"我信任自己",就是对自己行为能力的认知和认同。我们通常用"自信"来描述这种现象,就是你相信自己可以做到,具备完成事务的能力。

杰克·韦尔奇被称为"全球第一 CEO",他曾是美国通用电气公司前首席执行官。

韦尔奇从小就患有口吃症。说话口齿不清,因此经常闹笑话。他的母亲鼓励他,说是他太聪明,想得比说得快。在母亲的鼓励下,口吃的毛病并没有阻碍韦尔奇学业与事业的发展。相反,他乐于接受各种挑战。他在中学的时候,当上了曲棍球队的队长,获得了化工博士学位,最终成为当时全球最大公司的总裁。

他有句名言是说:"所有的管理都是围绕'自信'展开的。"企业的发展尚且如此,一个人的成长和自我管理,也需要围绕"自信"展开。

信任不是一种本能,也不仅仅是一种品质,而是一种能力。自信力,体现为个体信任自己,信任个体自己的行动能力。个体通过运用自身具备的自由行动能力,来执行并完成某项任务目标,从而自证具备可以完成行为的能力,进而形成对自己现有能力的信赖。

在社交过程中,自信力成为一个人信任能力的一部分。

"我"的自信力具体表现为我个人独立完成了某件事情,付出了我的资源和行动,并且认定这样的结果与我的行动和决策直接相关,我对自己的行动及其结果的确定性有明确的认同。

试错是一个孩子成长的方式。给予孩子独立完成任务的空间和时间,并从较长的时间维度中或者更宽广的空间维度去看,孩子总是可以把一件事做好,并由此建立自信。

当"信任自己"被设定为任务目标,那么任务本身的执行和操作就变成了工具。这一点很重要。

比如学习，如果父母将学习视为建立孩子自信的工具，那么学习成绩的好坏就不是评价孩子的标准了，如果数学不能有利于培养孩子独立完成任务的能力，那么可以选择语文或者生物，这样，父母的选择空间就大很多。学习这个工具是拿来为人所用，帮助孩子变得更好。

现在的中小学生及其家长的痛苦，都源自深入参与当今的"失败者"教育的学习模式。过早过多的学习任务，对全面学习成绩的要求，对名牌中小学的追求，使得学习不再是帮助孩子成长的工具，反而是成长的目标。

要知道，学习和行动都只是工具，自信及其他能力的培养才是一个人学习的目标。

【值得被他人信任】

信任能力的第二部分是"值得被他人信任"，它存在于人与人之间的社交过程。"值得被他人信任"的能力，会影响并驱动他人采取行动。

著名的财经作家吴晓波，曾经提到一位廖厂长。当时，吴晓波和三个新闻系的同学，想在大学毕业实习期间，做南疆考察，但是经费有很大的缺口。素昧平生的廖厂长，看到他们四人在《青年报》上刊登的考察计划，就主动找到他们，愿意出资 7 000 元资助他们。要知道，当时一个大学生毕业的月工资只有 70 元。25 年后，吴晓波又通过他的节目，找到了这位廖厂长，他们一起设立一家"廖厂长青年创业基金会"，支持那些有理想的年轻人。

信任也不是一个人拥有多少财富，而是来自一个人如何使用财富。信任在这里不是基于一个人拥有多少，而是付出多少。葛朗台即便是一个巨富，也并没有被认为是值得信任的人。

在与他人交往过程中，对方愿意为我或某件相关的事务付出多少，他就呈现给我多大程度上的信任能力。反之亦然，当我愿意为他人或某件事务付出得越多，我呈现的信任能力也就越大。

在社交中，一个人是否"值得被他人信任"，可信力是其信任能力的重要标志。可信力就是一个人能够帮助他人的行动能力。在信任能力中，是否"服务于他人"是一个人能否成为值得信赖的人的重要标准。

【我信任他人】

如果父母有应对孩子拖地板弄得满是水的办法，他就可以放心地让孩子独自去完成，如果没有其他办法，父母也可以与孩子共同拖地板，把损失控制在可以接受的范围内。

赵王偃不信任廉颇或李牧，是因为这两位大将的背后是曾经的赵太子佾。对赵王偃来说，赵佾对他的王位的威胁要远大于秦国的士兵。赵王偃信任倡后和郭开，是因为他们更加需要他坐在王位上，他把自己的损失控制在自己可以掌控的范围内。

如果他信任廉颇和李牧又会如何呢？事实上，他缺少让廉颇和李牧认为他值得信任的行动和能力，无论是社会关系，还是资源的依赖关系，他都没有能力或者不敢去信任这两个战国名将，他担心赵佾会利用两位将军，推翻了自己的王位。

信托力可以这样表达：无论是收益还是损失，我愿意接受对方的行动及其后果。

信任一个人，是我们在向对方表达一种善意，预示着我们相信自己有能力应对可能的风险或损失，预示着我们不需要对方来承担损失。如果我们不信任一个人，也预示着我们可能并不具备一些能力来处理后续可能的风险或损失。

如果我们一边说要信任，另一边又担心后面可能出现的风险或损失。显然，这种"信任"并不是真正的信任，相反，这种"信任"反而会增加我们焦虑、担忧的感受，也恰好说明我们处在非信任、不确定的状态下。我们还没有做好准备去信任对方。

在亲子沟通中，我们担心的是，父母可能因为自己对孩子随性的信任，而对孩子犯的错有不恰当的反应。这是因为很多时候，父母并没有看清自己的信任能力，并不知道自己可以承受风险或应对损失的能力有多大，结果在损失发生时常常归罪于孩子的错误。这既伤害了孩子的自尊和自信心，也无助于父母自身能力的提升。

【培育孩子的信任能力】

能够信任他人，其实展示了我们信任能力，也预示着我们处理风险或损失的能力。

作为父母，信任孩子展示了父母的行为能力。我们建议，父母可以将信任与风险或损失解离开来。做好面对损失的风险，或者减少可能的损失；做好损失的补救工作。也事先告诉自己，如果无法应对可能的损失，是因为父母的信任能力不足。这些都可以让父母真正地去信任孩子。

父母在培育孩子的信任能力时，可以做很多事。

首先，鼓励孩子参与到家庭事务中来，让孩子了解他可以服务于家庭。

孩子在一个家庭里，不是一尊佛，而是一个需要通过家庭环境成长的人。所以，除了他自己的玩具、吃饭、玩耍，孩子需要感知到家庭的方方面面。参与家务劳动是一种形式，与父母一起打扫卫生、收纳物品、洗自己的饭碗、叠放自己的衣服。

有些父母担心孩子无法胜任这些任务，或者嫌孩子做事混乱，还需要自己事后收拾，认为会给自己添更多的麻烦。确实很多时候，家务本身成为目标，父母为了尽快完成家务，会嫌弃孩子做不好、动作慢。不过，如果父母能够将部分家务事分配出来，将培育孩子参与并帮助父母和家庭作为目标，这也是非常重要的。

除了参与家务劳动，让孩子参与家庭事务的沟通也很有必要。父母常常认为孩子小，无法理解大人的事，就打发孩子自己玩，反而让孩子缺失了理解成年人的思想和思考方式的机会。所以，父母单独开辟一些时间，安排一些讨论，引导孩子逐步理解父母的想法、做事的原因，感谢孩子花费时间，为家庭做的贡献，将有助于孩子更好地参与与他人的交往。

鼓励孩子参与学校事务，也是让孩子用行动去建立自身信任能力的一个途径。

比如，鼓励孩子参与班级事务，鼓励孩子成为生活委员、体育委员、课代表等。这些班级事务，一部分是帮助老师处理与同学间的事务，收发作业、传达消息等；一部分需要组织同学们共同参与某件任务，比如策划活动、黑板报、节假日安排等。

有些家长认为这些与学习无关，担心会影响孩子的学习，不鼓励或者反对孩子参加这些班级事务。这其实会限制孩子对他人的关注，减少了孩子理解他人的社交机会。有些家长在班级事务冲突中，指责其他同学或者老师，这都不利于孩子通过实际的社会交往建立信任能力。

其实，父母如果与孩子沟通较多，就会发现在学校里面的很多事，除了班级事务，鼓励孩子多与同学交流，邀请同学来家里做客、做作业，进行学习讨论，帮助生病在家的同学补课、交作业，都有助于孩子在校园社交事务中逐步发现并建立个人的信任价值。

还有，良好的习惯养成，能够理解并遵循规则，也是一个孩子被信任的重要内容。

信任的能力可以从小训练。从小的集体活动、对集体规范的认知、与朋友的交往边界，都是孩子习得信任能力的一些重要途径。

有礼貌，尊老爱幼是基本的社会伦理和行为规范。爱护弟弟妹妹，有二胎的家庭，父母鼓励年长的孩子参与有关幼小的弟弟妹妹的事务中，比如给弟弟妹妹讲故事，陪弟弟妹妹玩耍。

孩子在长大过程中，被教育遵守规则，也会培养孩子对权威、规范和社会组织的认知，孩子会发现，诚实会受到老师和父母的赞扬，如果说了谎话，就会受到父母和老师的斥责。

如果有可能，让孩子了解社会运作的更多内容，比如什么是国家，为什么有法律法规，为什么买东西需要货币等，理解并参与这些社会规则，也将有助培养孩子的信任能力。

孩子会逐渐发现，当一个人进入社会，他人的建议和评价，约定的契约和承诺，法律法规和文化惯例等，都能成为一个人信任能力的一部分。

有家长会问："服务他人，不就是要自己吃亏吗？""好人一定有好报吗？"

谍报战片中，老牌间谍的一个基本原则就是"不要相信任何人"，背后未说的话是"信任他人会让自己陷入危险中"。电影中的大反派也通常是这种思维，"宁教我负天下人，不要天下人负我"。而电影《泰囧》，朴实单纯的王宝强，因为相信别人是善意的，常常被认为与现实格格不入，被认为"脑子进水了"。

退一万步说，你可以永不相信任何人，不过，你还是需要努力成为一个"值得他人信任"的人。这就是我们探讨这个话题的意义。

即时享乐，还是延迟满足？

人与其他哺乳动物都有相似的条件反射机制：如果饿了，就希望马上吃饭；如果渴了，希望立刻可以喝水；做买卖，也是要"一手交钱一手交货"。

人根本上是即时满足的动物。

在社交行为中，即时满足是最稳妥的行为模式。如果无法得到即时满足，那么欲望会驱使我们立刻行动。事实上，我们不希望等待。追求"即时满足"既是生物本性的驱使，也是人的基本心理诉求。不仅如此，人类天然厌恶损失。丹尼尔·卡尼曼发现，"失去"造成的内心痛苦要远甚于同等好处带来的快乐。

因此，如果可能，人总是追求即时满足，而不是等待。

我们去医院看病，心里想的是给我们一颗药丸，立刻药到病除。

我们去餐馆吃饭，不管人多与否，只要餐厅服务员对我们稍有怠慢，我们就会心生不满。

有心理研究发现，如果人等待一个结果超过 7 分钟，就会不满、愤怒，甚至要求赔偿。说到底，人类其实不太愿意等待，总是想办法来实现"即时满足"的欲望。

社交需要的"延迟满足"的现状与"即时满足"的欲望发生冲突，并由此产生很多负面的情绪和情感，比如不甘心、内疚等，甚至引发对抗行为，或者与自己对抗，甚至引发心理疾病。

假如在狩猎采集社会，对方需要我刚采摘的水果，但是对方的果实却不是我需要的，可能是因为我已经吃饱了，那么，我就需要等待对方有了我需要的东西之后，再回报给我。在今天看来，这种逻辑稀松平常，但是，对于物资匮乏的原始生存时代，我如何能够相信我的好意，会在日后的某个时刻得到回报呢？"即时满足"的心理诉求会警告我，我会失去我的水果，而且很可能得不到我希望的东西。我是停止与对方的交往，还是冒着没有回报的可能，给出我的水果？

【用信任补偿"延迟满足"的欲望】

养过狗的人都知道，给狗准备食物时，狗会一直流口水，并兴奋不已，没有受过训练的狗，会凑上来抢食物。受过训练的狗，会听从主人的命令，即便食物摆在眼前，也只有在得到指令后，才会开始吃食。

两者的区别在于，家养的狗知道主人稍后会满足它的诉求——这是对主人的信任；而野外的猎狗知道同伴不会留给它食物，野外的动物如果抢食慢了就没有食物，这强化了"即时满足"的欲望。接受了信任强化训练的狗，可以通过延迟来满足自身的欲望和诉求。

在实际的社交过程中，利益往来多数不是在同一时间段发生的：一方可能要等待对方的回馈，或者希望对方能够在之后的某个时刻来回报自己。我们通常可以接受"延迟满足"，并认为是一种合理的情况。

为什么我们不再强行要求"即时满足"自己的欲望呢？

简单地说，信任补偿了"即时满足"的欲望；是信任让我们变得不那么焦虑暴躁和不安了。

比如，我们接受旅行社的要求先付款，一个月后才去旅行。因为我们得到了具有法律效力的合同。合同背后的法律，支撑了我们对旅行的"延迟满足"。

我们借钱给朋友，同意对方一个月后还。我们不会借钱给一个陌生人，因为信任代替了"要求朋友立即还钱"的要求。

医生给我们看病开药，说过一星期病就会好，我们可以推迟立刻让病好起来的诉求，因为相信医生的话和医术，而愿意等待病慢慢好起来。

事实上，我们非常习惯在面对大大小小的事务时，如果不能即时享有的话，也可以"延迟满足"。接受"延迟满足"，其实是以"信任"替代了"即时满足"的欲望。

在现实的需要（食物）和对未来的期待（比如期待未来获得更多的食物）之间，人类选择了等待未来更多的收益，这"驯化"出了"延迟满足"的心理机制。

"延迟满足"促进了信任的发生，或者说，信任是接受"延迟满足"的心理和情感前提。"信任"补偿和安抚了我们因无法实现"即时满足"而可能产生的种种焦虑、困惑。

"棉花糖实验"的发现

对"延迟满足"的发现来自一系列心理学实验。

米歇尔在 1968 年的"棉花糖实验"中,通过记录孩子对渴望的事物(比如棉花糖)可以等待的时间的长短,来了解孩子自控力的状况。

20 年后,实验研究小组对研究对象进行了二次跟踪。他们发现,当年能够"自我延迟满足"的孩子,他们的成就普遍高于其他孩子,而且"自我延迟满足"的孩子,在成年后,他们的大脑前额叶也相对更为发达和活跃。

之后又相继进行一系列相关实验。延迟满足实验以及一系列相关后续实验,对揭示人与人之间的关系和行为产生了深远影响。

【延迟满足,后天习得】

对"延迟满足"的心理机制的研究,第一个问题就是,延迟满足的心理是生物遗传性的,还是后天习得的结果?

科学家发现,延迟满足的心理机制,有很大的可能性是后天习得的。

米歇尔的研究小组,在 1992 年的报告中明确指出,5 岁似乎是一条重要的分界线:4 岁以下的孩子大多不具备延迟满足的能力,而 5 岁以上的孩子就明显出现了这种意识。在针对更多孩子的研究中,发现大多数孩子在 8～13 岁的时期,都已经具有一定的延迟满足能力。最新的大脑神经发育研究结果,也支持这个发现。

另外,对依恋行为的研究也指出,人在 5 岁之前如果情感能够得到及时满足,将有助于一个人建立健康的依恋关系,以及稳定的信任心理能力。这个发现,也与延迟满足的心理机制的发生年龄相吻合。

年龄对延迟满足的影响，揭示了延迟满足的心理机制是一种后天习得的心理认知，而非本能的天性。它以无意识的方式影响着人的行为，成为一个人融入社会所必要的心理能力。习得延迟满足的心理机制，与父母的养育方式，以及孩子的社会交往环境有关，是一种社会性的进化心理。

【主动延迟满足】

关于延迟满足的第二个发现是，延迟满足的心理机制，有主动延迟和被动延迟的差异。

主动延迟和被动延迟两者对人的行为和心理有什么影响呢？

米勒和瑞切尔在 1976 年的研究报告中指出：如果孩子觉得"自己在掌控着延迟的过程"（即他可以随时停止延迟），那么，他主动延迟的时间会更长。

相反，如果孩子发现自己是被动的，是在被外人控制下不得不延迟，那么，他的延迟时间会大幅缩短。

主动延迟满足，对孩子自己和周围的人，都会产生积极正面的力量。而被动延迟却无法对孩子的行为产生积极正面的影响力。

能够进行主动的延迟满足，对人的行为和心理有更积极的意义。最新的神经科学研究对此的解释是："被动感"会激活愤怒情绪系统——这是一种先天的本能情绪之一，进而干扰了自控能力。

一个主动辞职的员工，会保持对自己和外界的控制感，因为来自主动性，他会事先考虑辞职的优劣，并为此做好实际的或心理的准备，这些都有助于他更好地面对后面可能的情形。

但是，对于一个被解雇的员工来说，他会更多地产生无助、怨恨，他不得不被动地面对将要发生的一切，对他来说，消化这些负面情绪需要进行心理的调整。

这种情形和心理，在恋爱的情侣之间也会出现，有些人为了防止"被动"，会尽可能避免表白，或者在分手时，先提出"分手"。

"被动"会使得人的延迟满足的能力受到影响。人们总是在各种社交场合中，避免让自己处在被动的境地。

主动的延迟满足可以促进人们的合作关系，而缺乏对主动的掌控感，会动摇人与人合作的心理基础，甚至破坏合作。良好的有效的合作，往往来自人的主动意愿，而被动关系会导致对合作的回避和反感。

【延迟满足需要"信任感"】

第三个延迟满足的相关发现是，延迟满足的心理机制会受到他人可信度的影响。延迟满足的行为出现，需要社交对象自我证明是可被信任的。

美国罗切斯特大学"延迟满足再研究"小组于 2012 年发表了他们的成果：他们把"棉花糖实验"改为两步。在第一步中告诉孩子，如果等待，将得到"更好的蜡笔"；第二步则沿用传统的棉花糖实验程序。

实验把孩子分成两组，A 组由"可信的大人"主导，这个大人会在第一步中兑现承诺——给予"更好的蜡笔"；而 B 组孩子则由"不可信的大人"主导，这个大人在第一步中食言，没有给孩子提供承诺中的蜡笔。结果，在第二步的实验中，A 组孩子延迟满足的平均时间达到了 12 分钟，而 B 组只有3 分钟。

从这次实验的过程来看，大人在第一步实验中的食言行为，会导致信任下降。食言行为，影响了孩子对大人行为的预期，于是，在后面的实验中，孩子降低了对这个未履行诺言的大人的信任。缺乏有效的信任，促使孩子提出"即时满足"的社交要求，在第二步实验中不再延迟满足，或降低延迟满足的等待时长。这是对不可信大人的社交回应。

可信的他人在社交中，可以进一步增强延迟满足的等待意愿，而不可信的他人会缩短人们在社交中的延迟满足的等待时间。这说明了"可信任"的外部环境，会加强人们延迟满足的心理意愿，而缺乏信任会激发人们对及时满足的需要。

【延迟满足是一种能力】

为什么说延迟满足是一种能力？

上面我们提到，延迟满足是后天习得的产物，实验的第四个发现证明了这一点——延迟满足的心理机制是一种需要不断训练的能力；我们的延迟满足的意愿，会受到事物本身的吸引力和稀缺性的影响。事物越是珍贵，越是很难得到，那么延迟满足的时间就会越短。比如，如果一处房产被几个人同时看中，那么，就有人会按捺不住，寻求首先与买家签约。

此外，延迟满足的时间越短，人表现的行为就越具有利己性。比如，对于一个抢劫犯来说，他需要立刻得到满足。他不会提议，"我现在要抢你的钱财，但是，我能够接受一个月之后，你把钱包里的钱给我送过来。"商人同样无法接受你拿了他的商品，要过一年后才能收到货款。事实上，哪怕是一天，商人也等不了，必须是立刻付钱。

事物本身的吸引力和稀缺性，对人际合作以及相互的信任关系都会是一个挑战。人们必须解决是延迟满足有吸引力的商品，还是先满足自己的欲望，而不顾人与人之间的关系。人类可接受的延迟满足的心理边界，某种程度上，就是人与人合作的信任边界。

【情感补偿延迟满足】

还有一个有趣的发现。延迟满足的心理机制还促进了人类情感的丰富性。为什么这么说？

正如我们上面曾经讨论过的，为了能够实现"延迟满足"的社交行为，人类必须能够抵御来自生物体层面对满足"即时满足"的欲望。信任支撑人们克服了这种欲望带来的焦虑。

其实，在履行"延迟满足"这一具体的行为时，人类总是表现得像一个长大的孩子，需要很多东西作为补偿。

在社交关系中，人们还需要"感激之情"来表达信任，以便能够"即时满足"自己的付出。

如果有违法行为伤害了你的利益，你会用愤怒来表达对利益受损的反对，虽然对伤害行为和行为人的真正惩罚是来自之后的法律，但愤怒仍然对你受到的伤害和损失提供了即时的心理补偿。

人类通过表达丰富的情感，作为对"延迟满足"行为的心理补偿。道德和情感的出现，也促进了人类基于"延迟满足"的合作。相比经常处在"即时满足"的心理和行为下的掠食动物，比如老虎或狮子，它们的情感就会显得简单直接，它们很少会表现出感激之情。

人类演化出道德情感，使人类可以摆脱来自生物性对即时满足的欲望。情感满足了人们对立刻回报的索取心理。人们会用表达"感谢"的语言或姿态动作，向对方传递即时回报之情，这种情感的回馈方式，进一步演化成社会性的道德要求——礼节和礼貌。

20 世纪 70 年代进化生物学革命的先驱，特里弗斯认为："感激这个东西反映了收到好处的价值，是将来进行回报的一种度量"。人们对有礼貌的人，有极大的好感和信任，源于礼貌行为本质上是一种即刻回报的行为。

可见，延迟满足并非不要求即时回报，它通过道德情感和信任，补偿了即时享乐的延迟。

【最终满足】

那么，信任或者感激之情作为补偿，是否能无限期地延迟对方的实际需求吗？当然不能。

即便旅行社为你提供了一份旅行协议，但是，如果旅行社以各种理由拖延，或拒不执行相关的旅行安排和服务，即人们无法通过这份合同获得延迟满足旅行服务，那么，这次交易的相关方就需要承担责任，甚至被处罚。

在社交思维下，所有的道德情感及其行为表达，都是人们对他人付出的即时回报，而延迟满足表达了"我是可以信任的"的内涵。情感和信任支撑了人们对未来回报的可预期和确定感。

不过，任何回报都必须是实际发生的，而不仅仅是停留在低成本的语言表达上。

如果回报的行为最终没有出现，合作关系也会破裂。虚假的善意，或者未能履行的承诺，都会影响人们的情感，减少人们接受"延迟满足"的信任行为。所以，未来的回报，虽然是一种可接受的延迟满足，但它最终需要被完成，以实现整个社交行为的完整性。

延迟满足是产生信任的重要心理机制。延迟满足，在社会交往行为中，促进着人与人之间信任关系的建设。不同的信任关系，会折射出人们对待社交回报的不同态度。不同的"延迟满足"行为，也体现了人与人之间不同的信任关系和情感联系。

领地意识与社交

【领地】

几乎所有的高等动物都有自己的领地范围。

印度孟加拉虎的活动范围仅为 10~30 平方公里，东北虎生活需要 400~1 000 平方公里，而一个非洲狮群的领地范围，至少也要 100 平方公里。在猎物充足的地方，非洲狮群需要 20 平方公里的领地范围，而在猎物稀疏的地域，它们也不得不把自己的领地范围扩大到 400 平方公里。

爱德华·霍尔在《隐藏的维度》一书中将我们人类的个人空间划分为四个部分：亲密距离、个人距离、社交距离和公众距离，在不同的个人空间内，人们会产生不同的心理需求，这种心理需求将自己与他人区分开来。这些私人空间就构成一个人的领地空间，形成领地意识，并构建了社交的边界。

领地是如何诞生的？

一块领地不会无缘无故地出现，领地的出现关联着人们的社交行为。领地也不是自然而然形成的，它的出现是人们相互竞争的结果。

比如，一个青春期的孩子，要获得精神上的独立空间，需要不断地摆脱父母权威对其空间的"侵入"。在青春期的自我斗争和对外竞争中，一个长大的孩子会拥有属于自己的领地空间。

【领地归属：设立竞争规则】

一个领地的出现，还需要领地的主人公开展示两个领地要素：竞争规则和领地边界。

领地主人首先要制定领地的竞争规则，以确定在竞争中，让对方意识到，在这个规则下，这一块领地是属于自己的。

北京大学社会学教授郑也夫对领地给出这样的定义：领地是"同物种之间划分出的排外性势力范围"。领地只针对同物种，它排斥的是自己的同类，这样，一个稳定的领地必定来源于同类之间的竞争。

一个领地存在的核心内容是"排外"，这需要设立该领地的竞争规则，以便能够区分自己和他人。这就是说，对领地的占有和区分需要基于可以被同类理解和认同的竞争规则。比如，有些规则是生物性的，比如谁的体格大，谁就有可能打败弱小的对手。有些规则是根据协商而定的，比如创业公司的合伙人之间达成分管工作的共识，或投资协议中规定的权责利。

【领地边界：标识社交的边界】

领地意识区分了自己和他人，人们也利用领地的物理空间来区隔自己和他人，标识社交的边界。

一旦一块领地被创建出来，领地占有的竞争规则需要被昭示出来。此时，领地的主人就需要做第二件事，就是对这块领地进行标识，标识出领地的边界，告诉其他同类，这个标识的边界内是有归属的私人空间。

当领地呈现为一个物理空间时，它被视为一个确定的区域，比如由自然山川或者现代的道路等来标识。或者，动物们还会通过色彩、气味、叫声等特征来标识自己的领地。

不同的动物有自己独特的领地标识办法。比如，海马会喷出自己的粪便来标记领地，啮齿类动物会吐出唾液来标记领地，而红嘴蓝鹊会用叫声来宣示自己的领地，珊瑚鱼会用自己色彩华丽的鱼纹来警示其他同类离开自己的领地。

同时，领地也展示着在这块土地上发生过的事，存在过的人，以及领地过去的样貌和现在的样子，这些都体现了领地的历史特性。比如，唐朝或汉朝，既是一个地域疆界，也是一段历史时间，是中国人对那段中国历史时间的自我认知。

【领地与社交】

领地内外，人们有不同的社交方式，但都遵循同一套社交逻辑。

人们通过社交行为，构建起了私人领地和私人空间。在领地内部，是一个安全而舒适的生存和生活之地，为一个人的成长提供了保障。而社交发生在领地的边界上或者边界标识的过程中，这也基于双方对领地的竞争规则的认同。

在情感方面，领地会以人们的文化和精神的符号来标识。部落的图腾或者一个族群的旗帜，文化符号和概念会成为人类标识自己领地的方式。一个族群的祭祀仪式、行为方式，甚至肤色和饮食习惯等，也会成为一个族群区别于另一个族群的文化标志。

不仅如此，文化会促使一个群体形成"对事物的理解和认知"，形成稳定的观念、观点、思想和价值观，从而形成这个群体的意识形态。当文化习俗和认知价值认知的不同，可以区分不同的群体时，文化就成为这些群体之间相互区分的认知领地。

人们通过领地的物理时空和文化符号，建立起对领地以及领地内人的识别性。在社交行为中，通过这些物理时空和文化标志的领地来区分自己和他人，标识出不同的社交方式。

社交，请准备好牺牲

在蜜蜂的社会中，只有蜂后可以生育，其他蜜蜂包括工蜂都不会生育，它们放弃繁殖后代，全力为蜂群和蜂后服务，基因学说是这样解释的：工蜂这是为了种群的基因能够更好地传递下去而做出了个体的牺牲。工蜂在基因层面发生了改变，并在具体的行为上也发生了特有的改变，包括放弃繁殖后代。

牺牲行为不仅出现在蜜蜂社会，可以说，哪里有群体，哪里构成社会和分工，哪里就有牺牲。

【个体行为】

个体行为是生物个体的本能行为。在这个阶段，生物体只要满足自身的生存需要，它的行为也只受自身的欲望驱使，如果没有外部的限制，它可以做任何有利于自己的事。

个体行为可能由基因操控，它塑造了生物体的基本需求和行为模式，比如饥饿感，引导生物体为了生存寻找食物。个体行为遵循生物性的"刺激—反应"模式，即受到来自外部或内在的刺激，从而发生应激反应的行为。

不同于其他动物，人类个体除了获取"吃住衣行"等维持生存所需的行为外，还可能学会削石做刀，也可能在晚上观察星空的变化，他甚至会画下夜晚星空的图案。这就是说，除了吃，他还会思考，会设计、制造工具。他可能独自行动，就连观察、思考和学习、实践和操作，这些也成为他愉悦自身的一部分。这些"思考和学习、实践和操作"的行为可能已经超出生存本能，但是它们并未超越满足个体欲望的水平。

【群体行为】

在自然状态下，个体会面临两个挑战：一是来自大自然的生存威胁，二是来自其他同类的生存竞争。如何能够在两条战线上同时作战，并赢得这两场战役？

一个办法就是让自己这个生物体变得更加强大，并得以在自然竞争中打败其他生物，包括自己的同类。

早期的尼安德特人似乎就采取了这种策略，他们高大强壮，但是这种选择并没有使尼安德特人成功地生存和延续下来。人类学家在分析尼安德特人的化石之后，发现尼安德特人拥有更加协调的身体控制能力和更加迅捷的反应速度，然而，它们在智力和情感的进化道路上迷失了自己。

智人采取了与尼安德特人完全不同的策略来展开以上两场战役——语言与合作。语言使得智人能够进行更加抽象和系统的思维，这促进了大脑新皮层的进一步进化。而合作体现出了人类祖先希望以群体的力量，而不是依靠纯粹个体力量，来克服大自然和其他生物的威胁；同时，通过群体合作，还能化解同类间的生存竞争。

当一个人希望加入一个已有的群体，或者创建一个新的群体，他就需要从"个体行为"模式调整为群体的社交行为模式。

与朋友聚餐就是社交行为，而不是个体行为；物品交换或买卖的交易行为，也是一种社交行为。

玩电子游戏是与想象中的或人格化的对象进行社交。独立的观察是个体行为，但发现有人在观察你却不属于个体行为，而是一种社交行为。

在古代原始部落的时期，除了一起狩猎采集、求偶繁衍等社交合作行为，一些个体还可能会把一棵松树人格化为"树神"，他会与"树神"交流，会服从"树神"的旨意，并把这些旨意总结为人生的经验或世界的运行规律。他会保护这棵"树神"，为它建造围栏。祈祷或保护"树神"的行为，超越生存的直接需求，而追求获得"神"的庇佑或保护。与"神"为伍的行为，也是一种人的社交行为。

动物的群体行为简单清晰，并遵循固定的群体行为模式。它们的行为由生存需要引发，也只为生存需要而行动。虽然诸如大象这样的群体性动物也具有某些社交行为，但是人类的社交行为产生了更加复杂的社会现象和社会关系。

在社交行为中，人们开始关注他人和群体的需要，并开始愿意做出有利于他人的行为，愿意为了融入社会群体而放弃部分的个人欲望，抑制部分本能，甚至愿意做出较大的牺牲。

【文化行为】

文化行为阶段，是根据牺牲价值观的自觉行为，是人类开始尊崇文化的阶段。在文化行为阶段，文化成为约束一个人启动社交行为的力量。

英语的"文化——culture"一词源于拉丁文，原意指对"人之能力的培养及训练，使之超乎单纯的自然状态之上"。比如，进食是一种生物需要，但是将食物精心烹饪，用精美的器皿装盛，让食物显出超越自然形态的样貌；在进食时，还要求保持优雅的用餐礼仪。这其中就包含了"文化"。

人们通过了解自然的事物，掌握自然界的规律，并对自然之物进行加工，重新认识，使之成为人们理解的样貌。将人的活动和意义赋予自然物的过程，就是人类的文化活动。

人类社会的文化，就在对自然事物和人的行为进行记录、表述，并内化为个体的自我理解和自我意识过程中，形成人们对世界和人生的自觉意识，并由文化之"道"完成了对自觉行为的引导。

从社交视角看，文化就是对人类社交行为的观察和传播，所以，文化总是具有社交属性的，追求社会归属，而且会要求个体在行动——包括个人行为和社交行为上，履行对文化的归属和认同。当一个人要归属一个社会群体时，他/她的行为、思想和意识，必然受到这个社会群体文化的要求或制约，思想和意识形态也最终需要在行为上展现为与文化的一致性。

美国传播学者詹姆斯·凯瑞，在 1989 年出版了《作为文化的传播》一书，他认为，传播就是文化，社会行为通过传播创建符号，形成共享思想，构建社会，并以社交行为作为文化传播的具体形式。

【群体行为的规范】

在一项有趣的实验里，心理学家训练出了一群可以"抵御"香蕉诱惑的猴子。

心理学家把五只猴子关在一个笼子里，在笼子里的一边放着一堆香蕉，任何一只猴子只要试图靠近这堆香蕉，实验人员就会用高压水枪对准所有猴子冲？如此反复，在高压水枪的强大冲击力之下，在若干次失败的尝试后，猴子们都放弃了拿香蕉的主意。随后，即便实验人员不再使用高压水枪了，这群猴子里也没有一只敢去拿香蕉了。

实验的第二阶段，心理学家换出笼子里的一只猴子，换进去一只新的猴子。新来的猴子看到香蕉本能地要上前去拿，原先在笼里的猴子们看到这个情形，一拥而上，把这个"不懂事"的新猴子拉回来痛打一顿，如此几次，这只新来的猴子也不敢再上前去拿香蕉了。

就这样，心理学家一个一个地将第一批进笼子的猴子换了出来，换进去的新猴子依旧会想拿香蕉吃，也依旧被其他猴子痛打。实验到最后阶段，笼子里没有了最初的那批猴子了，全是后来新换入的猴子，它们都没有经历过高压水枪的"洗礼"，但是，这些猴子们竟然也没有一个想要去拿香蕉。

在这个实验中，猴子的本能行为被抑制了，猴群中建立起来一种"行为规范"——禁止试图拿取香蕉的行为。他们已经成为一群可以"抵御"香蕉诱惑的猴子，所有的猴子都小心地遵守着这个不吃香蕉的行为规则。对猴群这个"行为规范"的强力执行，完全改变了猴子们的行为，并塑造出新的猴群行为和关系。

从这个实验中，我们似乎看到日常生活中的社交行为模式，比如父母们常常会采用类似的惩戒或恐吓的方式，或者对违反规范的行为进行惩罚，要求孩子遵循某种社会规范。

【做出牺牲——社交的代价】

融入群体和社会很可能是"不得已"的过程，一个社会群体会强制要求个体遵从群体的行为规范和要求。在融入社会过程中，一个人会被要求放弃或隐藏个人的利己诉求，还被要求做出符合群体行为规范的牺牲，以利他行为，向他人展现出一个潜在合作者的姿态。

人们不仅从群体中获得了更大更好的生存环境，人类也被塑造成为一个强大的社会性物种。对群体的归属已经融入我们的血液和精神中，使得人类从自然人进化成为社会人。在这个过程中，一个人从追求生物性的欲望，到施行希望融入社会的利他行为，并最终受文化指引形成社会人的利他精神，认同社会的牺牲文化和牺牲要求，成为归属于人类社会的一分子。

人们通过社交参与社会事务，并做出的牺牲，让自己有一个新的自由的开始。

文化成为一个社会的制度性的成果。它规定哪些行为会被社群接受和鼓励，哪些行为会被惩罚。这种以牺牲和利他主义形成人类社会的牺牲文化，会以无意识的集体行为和习俗仪式的方式，世代传承。

虽然自由主义愈发要求展现和保障个人的自由行动，但是，没有迹象表明，牺牲文化和利他精神在人类社会停止了。相反，牺牲文化和利他精神，仍然在对我们的社交行为，发挥着强大的影响力。

构建你的社交边界

如果有个不靠谱的朋友向你借钱，你会借给他吗？

宋丹丹在一次综艺节目中说，我会借的，既然是我的朋友，我愿意帮助他，但是我会拿出少一些的金额给他，会告诉他，你拿去用，不用想着还我。我不急着用。

社交是有代价的，有的人愿意付出多一些，追求更多的社交回报，有些人要求得少一点，同样他愿意付出的代价也少一些。

你的信任边界，就是你的社交边界。

【信任边界】

无论我们是否意识到，信任总是存在边界的，社交总是让我们发现自己的信任边界。

有的人可以一起共患难，不可一起享荣华。有的人可以做朋友，但是不可以做夫妻。有的人可以成为朋友，有的人就只有做同事。有些人之间可以无限信任，亲密无间。

在社交行为过程中，一个人总会有意或无意地为自己构建起四个层次的信任边界，分别为：核心信任边界、重大信任边界、理智信任边界、公众信任边界。

在每个信任边界内，都包含不同的个人资源，人们在每一个信任边界上完成社交资源的往来，实现人与人之间的社交。

一个人拥有的不同资源会被不同的信任边界切割。在信任边界外的资源，可以对外开放或参与某种形式的社交，而在信任边界的里边是一个人私有的资源。在信任边界之外的那些资源，是在一次社交中，一个人愿意并能够承受的最大损失。所以，每一个层次的信任边界，也规定了一个人能够承受的最大损失。

人们的"信任边界"可以用几个同心圆来表达，它们组合成一个人的"信任圈"（见下图）。

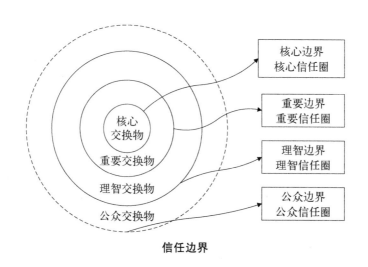

信任边界

信任边界与爱德华·霍尔的私人空间的划分接近，但又不完全重叠。信任边界更为私人，有时，就算处在亲密距离里的夫妻双方，也可能不能相互开放的"核心信任边界"。

那么，人们是如何有意或无意地构建出自己的信任圈和信任边界呢？

【公众信任边界——日常交往中的社交边界】

一个人最外层的信任边界是"公众信任边界"，这个边界也是人们日常交往的社交边界。

"公众信任边界"划分出一个人愿意与陌生人或者普通熟人分享和社交

的资源。一个人愿意用于公众信任边界上的社交资源，被他视为可以公开分享的公众资源。

这些资源，包括"我"的空闲的时间，享乐、美食、卫生、努力、创造力、同情心、日常小额开销等自由项。

这些公众资源，是"我"在日常生活工作中，经常用到的。缺少它们，不会使"我"的生活品质下降；如果有人要强行剥夺我的这些公众资源，会引起"我"的不适应感，引发"我"负面情感和不满情绪，但是，这种情绪失衡，通常可以较为容易地恢复。

人们日常的社交活动大部分发生在"公众信任边界"之上。比如，我会同情路边的乞丐，会给穷苦的孩子捐款助学。但是，我不会让乞丐住到我的家里来，也不会放弃我的城市生活去山区支教。这些行为发生在公众信任边界上，让我表现为一个有同情心的普通人。

在公众信任边界上，进行社交行为时，"我"愿意分享或交换空闲的公众资源，通常是较小的物质资源，不会涉及个体自己的生命、自我、情感的付出，不会分享或交换个人的行动自由、自尊、美德等个人化的品质，凡是可能影响"我"的个人生活品质的资源，不会出现在公众信任边界的范畴内。

在公众信任的社交环境中，"我"只是一个普通利他者，我愿意合作，但是仅限于社会公共的规范和责任，或者以很小代价参与公众事务，参与几乎不涉及较大利益的合作。

对于一般意义上的社交，比如与普通朋友或者陌生人，我的社交和合作，都会在公众信任边界上展开，此时，"我"只呈现一个普通人具有的公众信任。

【理智信任边界——追求幸福感的社交边界】

第二层信任边界是一个人的"理智信任边界"，人们在理智信任边界上交往会追求个人幸福感。

"理智信任边界"划分出一个人愿意在有限的、理智的范围内进行合作和社交的资源；当一个人社交在理智信任边界上展开，他就会呈现为理智信任。

这里的"理智"是指具有"投入和回报"的等价性，如果不得不产生损失，那么，损失也必须可控在理智允许的范围内。

在理智信任边界上的社交，包含可以理性分享和交换的"理智资源"，包括物质财富、美满生活、健康身体、婚姻家庭，思辨、独立思考的能力和权利，以及个人遵从的风俗习惯、社会规范，拥有的法律法规意义上的权利，还包括美德（温柔、坚定）、成功、成就等个人价值观等资源。

在理智信任边界内的资源，常常是一个人自我认同的标志物，也是一个人达成个人的生活幸福感的来源，如果被剥夺，会引起人较强的不适应感，引发强烈的负面情绪。

所以，人们把"理智信任边界"视为实现一个人基本幸福感的边界，边界内是一个人希望的幸福资源，可以说，"理智信任边界"是人们追求幸福的社交边界。

在理智信任边界上进行社交时，"我"愿意理智地分享或交换部分的资源，也愿意承担明确的损失，比如部分的健康、自由、财物、情感、成就感等，但是不会分享或交换影响个体生命、自我认同、情感的资源，更不会分享或交换个人的行动自由、自尊、美德等个人化的品质。但是，"我"可以允许降低一些个人的生活品质。

比如，虽然收入只有一万元，但是愿意拿出一万元帮助一个人。我知道，这对我会有损失，但是损失是明确的，不会影响我的生活，即便有影响也是暂时的。如果这种损失影响到了我的幸福感，我就会停止这类交往关系的发生。

在理智信任的边界上展开社交的人，有商人、企业家、金融理财、风险投资人，还有下属对领导的奉承行为，任性的孩子。他们都知道什么可以付出，也明确需要获得什么。巨大的付出，意味着同样巨大的收获，或者长期的收益。

在理智信任边界的社交环境中，"我"是一个理智利他者，愿意在理智的有限范围内进行社交合作。

【重大信任边界——维护生存的社交边界】

"重大信任边界"是一个人的第三层信任边界，它维护着个体对生存资源的安全。

"重大信任边界"会包含对一个人的生存有重大影响的资源。在重大信任边界上展开合作的人们，会呈现出对他人的重大信任价值。"生死之交"，说的就是这种具有"重大信任"关系的人。

在重大信任边界内的资源，包括一个人的基本生存资源，比如，关心和保护家庭和亲人的能力，性和繁衍后代的自由，追求身心健康的权利，追求社交、思维和表达的自由，拥有友情和爱情的权利，保留自尊和被尊重的权利，自我实现的权利等。这些是不可以被强制剥夺的，如果强行剥夺，会导致一个人作为社会人的缺失，导致生命和精神的双重损害。

但是，在重大信任边界上，是可以完成社交和合作的，唯一的要求就是"自愿"。此时，"我"愿意分享或交换"我"的某些重大信任资源，比如我的部分行动自由，一些生存资料，还包括个人的情感、自尊和美德。个体在"重大信任边界"上的社交中，不会轻易交换出"我"的生命、自我人格或者自主情感。

情感伴侣，精神领袖，会出现在我们的"重大信任边界"内，"我"愿意与之交流自己的情感，愿意为他们长期资助，如果需要，也会牺牲"我"的大部分财产，在行为上有时也会体现出勇敢和无畏，或者投机钻营的态度。

那些行事冲动的人，赌博者，参与暴乱的暴徒或盲从者，他们会不顾及自己和他人的情感、尊严和社会规范，他们也在"重大信任边界"上行动，但是，他们在冒险的同时，也会给自己和他人带来重大的损害。

在重大信任边界进行社交时，"我"是一个极大的利他者，"我"愿意交换的是另一个人的情感尊严和自由，在社交中，"我"与他人进行人生意义的长期合作，是一个人生的合作者。

【核心信任边界——维护自由和自我价值的社交边界】

第四层信任边界是"核心信任边界"，它维护了一个人的自由和自我价值的核心资源。

在核心信任边界内的资源是一个人的全部自由，包括拥有的生命，对情感自主的自由，对自我价值和自我认同的自由。核心信任边界，划分出人的生命，所有行动自由和自主的情感。当一个人愿意在核心信任边界上展开社交，他就会呈现出强大的信任能力。

核心信任边界内的自由，是他人无法强制剥夺的。如果强行剥夺，会导致个体作为一个人的强烈缺失，导致生命和精神的崩溃。一个人的核心自由，就如同这样的表述："就算在奥斯维辛营里，我可以选择面对它的态度"。如果将这一资源也从个人那里剥夺，那么这个人在主体上就不可能生存下去。

在核心信任边界上的合作，必须时刻准备牺牲自己，因为"我"愿意给予或出让"我"的核心信任自由，比如生命、人格、自主情感和所有的自由。

在情侣关系，亲子关系中，都可以体现出这种强大的核心信任价值，他们愿意奉献自己的生命，来维护对方的利益。那些具有强烈而坚定的信仰者，比如，宗教信徒、革命战友，他们也具备为了一个伟大的信仰和理想，而牺牲自己的一切的意愿和意志。

而亡命之徒、独裁统治者，也会在某些事务上，押上自己的一切，其结果要么牺牲了自己的一切，同样，也会让更多人的生命和财产受到损害。

在核心信任边界上的社交行为中，人们相互之间无私奉献，愿意进行以生命为代价的长期合作，患难与共。

【信任边界标识社交边界】

一个人的信任能力是靠约束来建立的。依恋情感，文化和价值观，道德伦理，法律法规，暴力机构，还有合同条款，借款时的资产质押，都在为我们的社交行为设立约束和边界。

一种交往关系，如果找不到约束和边界，那么这个关系下的信任也无法建立。

约束和边界的存在，意味着边界中的主体会发生资源匮乏的状态，这在某种程度上，就使交往中的主体形成需求关系。

所以，两个主体间的信任关系不是依靠主体拥有的资产或者漂亮的数据来实证自己的信用，而是需要表达出自己真正的约束和边界在哪里。只有约束和边界才能成为一个人信任的边界，也会成为社交的底线。

面对一个特定的人时，人们选择会在某一信任边界上与之进行社交。这个信任边界外的空间和资源，可以开放给这位社交对象；而信任边界内的空间和资源，不会向对方开放。

不同信任边界上的社交行为会表现为不同的社交活动。商业合作通常发生在"理智信任边界"上，而在"公众信任边界"上的社交无法进行更多的资源交换。但是，如果涉及"重大信任"的社交行为，就会需要双方进入"重大信任边界"来实现交往。

一个人的信任边界也会成为他愿意开展相应社交行为的社交边界。

社交边界将标识我们与他人交往中的社交关系。处在不同的信任边界，也会指导我们如何开展社交行为，指导我们如何分享和付出 sq 资源，帮助双方明确合作的深度。

当人们在明确的信任边界内进行社交活动，他就会保持良好的心态，对于社交活动中的得失都能够接受。比如，我们不会因为借钱给了不靠谱的朋友而整天忧心忡忡，因为借出去的钱在我们的"理智信任边界"内，即便朋友因故一直不还，也不会影响良好的心情和生活状态。

完全信任的合作

美好的恋情一定发生在完全信任的伴侣中，和睦的家庭中也一定有一对完全信任的夫妻。

问题来了，人们是怎么做到"完全信任"的呢？

包括亲密关系在内，任何合作都需要信任，如何让自己值得信任呢？

【合作的策略】

我们先从一个童话故事说起。

一天，小熊兄弟正在争夺一个蛋糕。两兄弟都抓住蛋糕不放，争吵不休。

这时，狐狸走过来，说："我帮你们分成大小一样的两块，不就好了！"

小熊兄弟把蛋糕交给狐狸，它却故意把蛋糕分成大小不一样的两半，然后惊叫一声："啊，大小不平均，我咬一口吧！"咬过之后，剩下的蛋糕又比另一边的还小。

于是狐狸又说："还是不一样大。"然后，它左一口，右一口，把两只手里的蛋糕，吃得只剩下很小的一点点。

这时，它才看了看小熊兄弟说："这回总算一样大了。"

小熊兄弟看着被狐狸吃剩的蛋糕，非常后悔，本来应该属于他们的美食几乎被狐狸吃光了。

几乎所有的分蛋糕事件，都容易出现分配不均的矛盾，容易引发各方的冲突，最后，谁也没有得到最大的利益，还白白损失了一部分蛋糕。

被狐狸吃掉的那部分蛋糕，就是分配蛋糕需要支付的成本，也是合作之外的成本。

在社交关系中，人们总是付出资源，并得到另一些资源。在社交合作中，牺牲一部分自身的利益，可以取得他人或者团队的信任和协助。这是合作的第一步。

我们有两种用于合作的社交策略：存量决策策略和增量决策策略。

【存量决策策略——是零和博弈】

第一个合作策略是"存量决策策略"，它以自身的利益为焦点，关注现有的存量收益的分配。

"存量决策策略"的第一个问题是："当我付出的个人利益时，是否可以换回更多的利益？"

这就是"小熊兄弟分蛋糕"的故事。社交参与者会面临一种"你有我就无"的零和思维。在这种合作策略下，人们会最大限度地保护自己的收益。在与对方博弈中，保障自己的收益最大化，但不会保障对方的收益。在这个博弈过程中，双方无法建立起长期合作所需的信任。

"分蛋糕"的合作策略，有时虽然不会导致严重的冲突和争斗，但是，这种策略也需要花费额外的成本，参与分蛋糕的各方，都试图降低自己的成本，而获得更大的份额。

【增量决策策略——发展是最好的合作】

"增量决策策略"，会关注合作各方的整体利益是否可以增加，以此判断自身的利益是否可以得到保护并且获得增长，双方都会从合作的发展中，获得更大的收益。

增量决策策略者会这样提问："我付出的个人资源，是否可以使得合作整体，即所有参与方获得更多的利益？"

这种合作策略，深知个体的利益和自由，与群体的利益和自由息息相关。如果双方的信任可以更进一步，就可以形成"共同体决策策略"，这是"共同体"的整体思维。

印花税，是一种产生增量收益的利益分配机制。

印花税始于 1624 年的荷兰。当时，荷兰发生经济危机，需要增加税收来解决支出的困难，但又怕人民反对，于是通过公开招标办法，选出"印花税"这个收税方案。

印花税根据应纳税凭证，比如合同，所记载的金额、费用、收入额来计税。交易凭证由政府盖个印，就成为合法凭证，在诉讼时可以有法律保障，因而对纳税者来说也乐于接受。印花税，是一种交易税，如果合同中没有交易收入，也就不需要缴纳。

印花税是一个商人与政府合作双赢的方案，政府提供的服务增加了商人的商业信用，降低了商人的交易成本，同时，政府也从这项服务合作中，获得了预期的税收。

【做到完全信任】

最好的合作当然是完全信任下的合作，人们会有疑问，完全信任的合作可能吗？

"完全信任的合作"意味着个体间是完全信任关系。这种合作，最重要的一个前提，就是双方都采取"增量决策策略"，而不是"存量决策策略"。

比如，两个合伙人一起开公司，公司创始之初，大家同心协力，希望将公司业务做大。此时的合作就是"增量决策策略"下的合作。当公司业务发展到一定阶段时，合伙人之间面对大量的存量利益，就可能在企业资金和资源的使用方向等方面发生冲突。

一个良好的合作，需要我们保持选择合适的社交策略。罗伯特·阿克塞尔罗德在《合作的进化》一书中，提到几个促进合作的原则，它可以指导我们正确开展社交合作。

第一，保持善良，让他人有收益，才能促进合作。同时，让自己有收益，才能使合作持久和公平。

第二，坚持合作，从一开始就表达合作的意愿，直到对方不合作。

第三，果断惩罚，迅速惩罚损害他人和自身利益的任何行为，尤其是第一次出现损害行为时。

第四，保持强大，努力积累自身的优势资源，保持自主的行动能力。

【完全信任的四个考验】

在遵循以上四项合作原则的基础上，是否能够实现"完全信任的合作"，需要经历以下四个考验，我们可以用以下四个提问，来判断自己与对方的合作态度。

考验一：我和合作方是否关注增加合作的未来收益，是否可能增加未来更多的合作，还是只关注眼前的收益分配？

只有当我与对方的合作是面向未来的长期收益时，这次合作才会有更多的相互信任，才可能发展长期的信任关系。亲子之间的社交就是一种紧密又长期的社交合作。

博弈论的研究建议，如果可以，尽量使双方的合作不要进入"一次性的"或者"这是最后一次"的社交模式。"这是最后一次"的暗示很大可能会导致欺诈发生。如果是为了一次性满足眼前的利益，那么，利益争夺很可能是难以避免的。

考验二：我是否愿意首先表达自己的合作诚意，即做出一些个人牺牲，向对方展示我的信任能力，进而引导出对方的合作行为？

如果双方都不擅长表达，那么，合作很可能难以快速推进。

我是否愿意在他人付出之前，自愿做出一些牺牲，或者做好牺牲的准备，比如付出一些劳动、成本和心力，甚至一部分利益，从而让对方看到我的合作诚意？这些付出通常会引导对方回馈一些合作的行动。

几年前，我的爱人遇到一个开咖啡馆的女青年，她觉得可以与对方做朋友。有一段时间，她就经常去女青年的咖啡馆，帮助她整理咖啡馆的内务环境，还给对方拿去家里的一些与咖啡有关的书籍，还带去家里的桌子和凳子等。刚开始，女青年还有戒心，但是，当发现我爱人是真心帮助她，就逐渐与我爱人交好，后来她们成为生活中很好的朋友。我爱人为什么要这样首先付出那么多呢？主要是因为她真诚地希望与对方成为好朋友。就这么简单，这看似是她单方面的付出，而她却多了一个生活中的好友。

合作的前提，是我们自己是否已经准备好首先做出牺牲，这是向对方呈现自己的信任和行动能力的过程，当对方发现真的可以从与你的合作交往中得到好处，她也会真诚地"加入"你，关心和帮助你。

考验三： 我与对方的合作交往是否是正义的，公平的？

正如问题二，我首先表达善意，而对方没有反馈，我是否可以要求回报？

这个答案是肯定的。我们可以要求回报，这是社交行为中，对方向我们表达他的诚意和对我们的信任。如果对方长期不能表达他的信任，合作也不会持久。

对回报的要求，就有了考验三的问题答案，即我应该坚持"公平和正义"的原则：坚持社交互利的公平原则，不要设计、也不要期望获得超过付出的额外回报。

如果我支付一块钱，却得到对方回馈我两块钱的苹果，这在长期的交往中，是不合适，也无法维持的。

要求朋友或者恋人付出超过你所付出的代价，就需要你给予额外的回馈，否则这种社交关系无法持久。要知道，追求"等价共识"是人类基本的价值观。

考验四： 如果对方攻击我，或者损害我，我该如何应对？

社交中的信任来自双方的行动能力，尤其是利他的行为。对背叛行为的惩罚能力也是一个人能力体现。具备惩罚能力的合作者，可以在社交合作中，抑制对方的背叛的行为。

如果在社交中，发生攻击或损害的行为，就意味着对方没有试图在社交上"加入你"，当然，也不会顾及你的利益。

其中重要的步骤，是在与对方合作之前，要向对方明确声明：如果受到对方攻击，或者受到损害，一方应当迅速做出反应，立刻并强烈地回击，会导致对方的利益受损。事先声明，会建立合作的强烈信号——我不能容忍被人利用。同时，也要求他人平等地对待自己。

比如，因为你的同事迟到，使得你们原定的客户见面会被推迟，或草草收场。那么，抑制行为的方法是与其进行正式的谈话或进行声明，说明你不能接受下一次出现这样的问题，否则就会彻底放弃与之合作，在提交的工作报告中明确说明对方的问题。

如果你的孩子把邻居家的窗户打破了，你需要立刻让孩子去邻居家道歉，并按照事先声明给予处罚。

无论对方是有意为之，还是仅仅犯了糊涂，事先声明对失信者的惩罚，也会促使合作在可预期的轨道上发展。

【在信任边界上合作】

事先声明，一旦发生失信行为，你将对失信行为进行惩罚。这就设立了一个信任边界：在边界内合作，在边界外不合作。在信任边界上的社交往往可以实现"完全信任的合作"。

在特定的信任边界上的合作，我们可以执行以下三个步骤：

（1）设立合作中己方的信任边界，并向对方声明：我能够参与交换的资源，不能参与社交的资源，我可以承受的损失限度，以及我希望的回报。

（2）坚持公平原则，在对方相同的信任边界上，保护对方的利益。

（3）评估此次社交合作的损失限度，如果损失超过你的信任边界，就停止合作。

　　提前告知合作方，你的社交边界（信任边界）以及在你的信任边界上会投入的资源。就如同多数人在朋友间交流时很放松，而在面对公众时会不自主地紧张一样，明确社交边界会使合作双方更加清晰地对待此次合作，会使人与人之间的合作心态可以更加自如和放松。

❯ 社交与权力

社交，加入"谁"？

社交行为的本质是"加入"，即我加入你，或者你加入我。社交的目的是引起社交参与者某种行为的改变，其中包含了资源的交换，以及使双方相互成为各自的一部分。

社交的首要问题是，加入谁？也就是要搞明白，你在和谁交往。

有人会说，这个问题是不是有点傻？我在和谁说话，我在和谁共事，我不就是在和谁交往吗？

表面上看好像是这样，实际上，社交对象并非像表面的那样显而易见。

比如，如果父母答应孩子，期末成绩好，就会给他买一个 iPad。那么，这个上课专心听讲的孩子，是在和谁社交呢？他既在认真听课，也是在满足父母的要求，同时也为了满足自己的诉求。他真正的社交对象是谁呢？

有时候，我们遇到领导突如其来地对你发火，而你完全不了解自己做错了什么。那么，为什么领导此时会如此愤怒呢？他是真的因为你的某个疏忽而勃然大怒吗？

如果不弄清楚社交对象是谁，参与社交的当事人，可能就无法真正理解对方的行为，不了解对方的意图和需要。只有发现真正社交对象是谁，我们才能在社交中确定，这次社交行为会最终向哪个方向发展。

预期或者预测社交行为的发展趋向，需要首先确定真正的社交对象。

如果我们无法看清楚一次社交行为中的真正的社交对象，那么，很多社交现象就无法解释。

通常，在社交行为中，社交对象可能存在三种状况中的一种或多种。具体是哪三种情况呢？

【在现场的社交对象】

最显而易见的情形是，社交对象就在现场。社交对象就是社交的当事人，就是出现在社交行为现场的主体，它可以是人，也可以是任何有生命的事物。

比如，闺蜜之间说话——参与此次交流的闺蜜，就是此次社交行为中的社交对象，她们同时出现在交流现场，比如在咖啡馆里，或是在微信群里，总之，闺蜜们会直接"加入"到此次交流中。

还比如，在剧场表演相声时，社交对象就有所不同。两位相声演员看似在台上交流，相互"斗捧"，实则参与其中的还有现场的观众。所以，现场观众也是相声演出的社交对象。相声演员在表演时，会"邀请"现场观众"加入"到他们的表演中——这里的"邀请"是精神和思维层面的，相声演员以及现场观众共同完成了相声表演的社交过程。

在大多数情形下，在现场的当事人都会参与当下的社交行为过程。他们都是在现场的社交对象。

【想象中的社交对象】

有些时候，人们的交流对象不是具体的人，而是被赋予生命的，人格化的物——是人们想象出来的社交对象。

在日本的多神教中，任何事物都有可能成为祭拜的神灵，一棵树、一块岩石、包括死者的魂魄，都是有生命的，都可以成为人们祭拜、祈祷和交流的对象。

当我们读到一本好书，就好似在与书中的人物或者书的作者进行交流对话，这也是由我们的想象产生的社交对象。

想象中的社交对象，就好像出现在社交行为现场一样，参与到社交当事人的每一个动作、言语或姿态中。

【不在现场的社交对象】

有些时候，社交对象不是虚拟想象的对象，不是人格化的物体，而是真实存在的，只是这些社交对象并没有出现在社交行为的现场。

比如，在一次商务谈判中，两个谈判小组的成员在据理力争，希望能够主导谈判。但是，如果谈判的最终决策人不在现场，那么，这样的谈判就不可能最终达成有效的结果，因为谈判小组的成员知道，他们其实是在与一位不在场的人进行谈判，最终拍板的不是眼前的对手，而是他们背后的决策人。

虽然在社交现场真实存在着参与社交的人员，但是这些不在现场的当事人才是真正的社交对象。在这样的社交行为中，不在现场的社交对象，才影响这次社交的发展和结果。

【社交对象的三个条件】

不是每一个路过的人都是商家的顾客，这就是说，不是每一个人都是商家的交易或社交的对象。不是妻子与丈夫的每一次对话，丈夫都会参与其中。

我们如何识别一个人是否真正参与了我们的社交行为呢？

一个人愿意成为社交的对象，至少要具备三个条件：自由、信任以及需要。

这个社交对象需要具备自由行动的能力，以及呈现给他人的信任能力。社交的最基本的两个条件，就是参与者必须是一个具有信任价值的独立行为能力的人。自由赋予人们自主行动和实现目标的能力，而信任实现联合他人一起去行动和实现目标。具备自由和信任这两种能力的人，才能有机会完成社交行为。

第三个基本条件，是当事人的自由行动能力是相互所需要的。社交中的"需要"是相互的，必须同时双方都需要对方。如果一方不需要对方去完成某个行为，那么双方就不会建立交往。

一个被接受的社交对象，一定是具备信任价值的人，是能够感受他人善意，并能够对他人的善意进行回馈的人。

【为什么人们要买奢侈品？】

购买奢侈品不是单纯的交易行为，而是一连串成长事件。

其中的社交行为，就是个体追求向与群体融合的过程，是个体加入某个群体的社交过程。购买奢侈品，是购买者试图加入高财富的"社会精英"群体的过程，是个体努力向高财富精英群体融合的成长历程。

在奢侈品产业中，人们支付的是金钱，换取的是"加入"某个群体的资格。个体通过奢侈品向他人展示其可信赖的经济实力，以此作为一种信任价值，希望融入一个"社会精英"群体，或者想象自己已融入。

购买奢侈品的行为展示其拥有超出一般的财富自由的能力。对于暴发户来说，头疼的是他们缺少了购买奢侈品之后的一系列成长历程。奢侈品并不能给他们带去足以融入上层群体的信任，他们不被既有的名门望族接纳和信任，正是因为他们的信任只来自财产；但是地位稳固的上层群体成员间的交往，依靠的并不是展示其财富的能力，而是财富之外的其他信任价值，这是暴发户们没有看到的，自然也无法激发精英与之社交的需要。

刨除"富有"这方面，一些先富起来的社会新贵，也看到这一点，他们正在努力将"加入"精英阶层的机会投放在下一代身上，通过创造共同的身份背景，产生认同，毕竟人会更加信任与自己有更多相同点的人。

事实上，消费只是人类行为的表现，社交和归属才是人们追求的核心需求。对他人而言，与暴发户的交往很可能是发生在交易模式中，他们也会重点倚靠财产的影响力，建立与他人的"交往"。这也并不是说，暴发户只会依仗其财富与他人交往，正如亚当·斯密所描述的那样，"只有一以贯之的谦逊态度"，才可以在更长的时间范围内，将自己的财产的能力化为涓涓的可信任的细流，逐步实现与他人的正常的交往。

所以，奢侈品品牌应该向社会宣传的不是财富的彰显，而是营造与所在阶层符合的社交形象——品味、优雅，或者更应该为人们提供符合该品牌定位阶层的社交与礼仪，帮助人们更好地融入该品牌所代表的某个群体，最终维护好该品牌的信任价值。

所以，奢侈品的购买，不是单纯的交易买卖行为，而是一个信任成长的社交服务，如果该奢侈品品牌没有提供这类成长服务，那么该品牌的长久维持可能会出现风险。

社交，交换什么？

社交行为的一个目标就是获得资源。由于双方都有资源的需求，所以，社交会建立一个对资源的供求关系。这个资源供求关系的具体形式就是社交关系。实质上，社交行为解决了资源的流动。

社交的过程是一种资源的供求过程。社交行为过程中的"交换物"或者称为"社交资源"，是社交对象之间进行交换的资源。

通常，两个社交当事人之间会进行直接的资源交换。但是，有时候，社交资源的交换发生在不在现场的社交对象之间。所以，只有明确了社交对象，才能弄明白真正的交换物是什么，来自哪里，会流向哪里。

在实际的社交过程中，一个人通常会拥有四种类别的社交资源：生命资源，包括一个人的生命和健康；财富资源，就是一个人拥有的所有财产、地位等社会资源；情感资源，就是一个人自身的情感和道德诉求；以及人格资源（自我价值），这涉及一个人的自我认同、声望和自我成就。

这四类的社交资源都可以被投入到社交行为中，人们从社交对象那里，去交换自己更急需的资源。

比如，交换的是商品和货币，那么这样的社交行为就是交易行为，或者说经济行为。如果交换的是知识或文化的传授，那么此时的行为就是文化行为。如果参与交换的是情感和道德，那么这样的社交就会形成友谊、爱情或者亲情。如果是用暴力和生命进行交换，那么这样的行为就有可能是攻击或掠夺。如果一方要求交换回另一方特定的行为，那么这样的行为就可能是一种管理或政治行为。（具体的资源分类和举例，可以参见本节的附表"社交资源"）

【资源焦点和窄化效应】

在实际的社交行为中，人们交换的资源常常是社交资源的混合。所以这些混合的资源常常掩盖了一次社交行为的资源焦点，让人分不清真正交换的是什么。

商家在销售商品时，会把商品设计得漂亮美观，会把商场布置得温馨舒适，会要求店员们总是向顾客微笑，有时，还会提供免费的医药急救用品。

很多年前的保健品"脑白金"。商家卖的是脑白金保健品———一种维生素饮品，但是却宣传说，这是孝敬父母的一片孝心，其中脑白金保健品是交易标的物，而"孝敬父母"的情感是交易的溢价物，两种社交资源综合在一起，提升了脑白金的价值和价格，让消费者购买实物商品的"资源焦点"转移到了"传递孝心"的情感资源上。

资源焦点错置来自"注意力空间"的窄化效应。人们在应激状态下忽略其他事物，而将注意力全部聚焦在某一个具体的事物或资源上，使得其他事物或资源的信息无法影响人们正确判断焦点资源。

"注意力空间"的窄化效应，并不都是一种有害的误导。在某些社交行为中，情况可能正好反过来，人们愿意为表达情感，而附加额外的物品资源，以增加交往中情感的溢价。

比如，当一个男生追求女生，他会安排在高档的餐厅，与女生共进烛光晚餐。价格不菲的晚餐，表达出男生对女生的珍惜爱恋之情。这顿晚餐本身只是满足了用餐的需求，但是"价格不菲"却可能额外地增加了女生对男生的好感。

【贫穷为什么让人羞耻?】

拥有更多的财富，可能意味着，我们可以过上更好的生活。幸福是来自我们和谐的社交环境和与他人和睦的社交关系，财富是我们社交中的信任来源之一，拥有更多的财富往往会让我们在交易中，看上去更加值得信任，在这个意义上，当财富能够帮助我们建立更加稳固可信的人际关系和社交环境时，财富才能够改变我们的生活，改变我们的幸福感受。

人们常常只能远远地看到富人拥有的巨大财富，并因财富的欠缺而感到羞耻。穷人因在财富上的不足，而否定自己全部的社会能力，从社交的视角来看，是一种偏颇的观点。事实上，在社交的资源上，对幸福和自信的感受这类情感资源，与财产和财富资源，是两个独立的资源类型，幸福与财富本没有直接关系。自信的人，即便身无一文，也不会轻视自己；而发了笔横财的自卑者即便有很多的财产，也可能无法摆脱内心的自卑。

学习并理解每一个人在社交行为中都拥有四种不同的社交资源，而对资源的使用会分别赋予我们不同的行动自由以及信任。比如，人们不因财富而否定道德和人格的价值，不因追求自我人格而忽视他人有追求财富的需求，不因害怕被讹诈而否定他人追求美德的意义，这些都是我们获得自信和信任能力的来源。穷人也没有理由仅仅因为贫穷而羞耻。社交行为中，理性地区分它们，有助于人们摆脱因为财富的缺乏而否定自己一切的错觉。

人类的情感来自社交中的信任关系，而人的信任关系，则来自人与人之间交往中的利他精神。财富的突然增加或减少，不会直接改变一个人的信任水平，就好像葛朗台一样，财富并不能直接让他获得幸福。

只要乐于付出，乐于帮助他人，自卑和羞耻就不会是穷人的形容词，对富人也是如此。

附表: 社交资源

我们以本页的"社交资源"表中的四类交换物为例,不同的交换物被分类到四种不同的价值范畴内。比如,生命本身、维持生命的物质、自主的情感和自我认同是一个人的核心资源,我们把它们归入"核心交换物"的范畴。

可交换物	核心交换物	重要交换物	理智交换物	普通交换物
生命	生命	行动能力 身体自由 性和繁衍	生活美满 身心健康 追求美好	美食、享乐 整洁卫生 空闲时间
财产	维持生命 生存的物质	基本生活物资 个人隐私信息 地位、权势	私人财产,人际资源,工作,住所、车辆、储蓄、理财、保险等 独有的私人信息	日常生活开销 礼物 小额资金
情感	自主情感	思考和选择能力 拥有爱情和情感的权利 社交和表达的权利 关心保护亲人的权利 同情心 道德感	爱一个人 婚姻家庭 表达情感(友情、信任、喜爱、期待、感激、厌恶等) 遵循文化道德规范	表达情绪 展示态度 表达观点 常识和行为规范
人格	自我认同	自尊和被尊重的权利 个体独立性 自我实现、成长的需要	成功、成就、声望	努力 知识和能力 情感相关的态度

社交，利己还是利他？

社交的第二个问题就是，选择利己还是选择利他？

人类的社交，在生物需求上，保留利己的诉求，具有利己性；而在文化上，会牺牲自己，帮助他人，又会体现出利他性。在一次社交行为中，会同时包含利己和利他两个动机。

正常的同事之间的工作交流，朋友之间的友谊互助行为，夫妻之间的相互扶持，父母与子女之间无私奉献的亲情行为，都体现了这些社交对象之间相互"加入"的行为状态。在这些社交行为中，利他动机常常优先于利己诉求。

【"我要加入你"】

朋友间的互助行为，朋友会选择利他优先于利己，并倾向于更多地利他，而个人的利己诉求常常被置于利他诉求之后，或者只追求个人的德行和情感满足。利他先于利己的合作社交，本身具有牺牲奉献的利他精神。朋友间的合作社交是非竞争性的。

商业买卖行为，是另一种合作社交行为。商业行为的动机是利己优先于利他，会首先偏向利己，但同时也是利他的，会满足对方的需要。商业买卖行为中，却存在优先利己的相互竞争。

当社交双方相互"加入"时，社交行为就会更多地体现出利他动机和利他行为，社交行为就会促成人与人的合作。这样的社交行为，就是"合作社交行为"，本质上是"我要加入你"，这种行为会让人感到放松、舒适和安全感。

合作社交的基本逻辑是，只有满足他人的需要，他人才会满足我的需要，最终社交双方都可以从社交中获益。

【"我不加入你"】

合作社交行为的对立面，是对抗社交行为。

战争、谋杀、打架等是典型的对抗行为。

对抗社交本质上是"我不加入你"，是在社交行为中，只追求利己诉求的行为。单纯追求利己满足的人，总是会让人感受到压力、恐慌或者恐惧。

青春期学生的逆反行为，也是与父母或老师对抗的行为，孩子在告诉师长，"我不愿意加入你的社群团体"。

还有一些典型的对抗社交行为的例子，比如竞技性的比赛、拳击赛。对抗社交的另一个典型例子是电信诈骗。诈骗犯在电话里，一开始总是表现得很"友好"，但是，诈骗犯的行为本质上是对抗的，所以，骗子们总是会在某一时刻，让你感到恐惧或慌张，不舒服、不安全。如果你是一个警觉的人，就应该警惕这个在电话里让你恐慌的人。

在对抗社交行为中，社交当事人的行为是利己的，所以，对方一定会在某个时刻表现出攻击性，向对方施加压力。

【"我不加入你，但我加入他"】

对抗中的当事人，当然不会相互"加入"。但是，寻求归属是人类的本性，即便是对抗社交行为中的当事人，仍然有其想要"加入"某个社交对象的诉求。这个社交对象，可能在对抗现场，也可能不在现场，但是，他一定是对抗社交行为背后的一个"隐形社交对象"。

这个隐形社交对象，是对抗行为当事人真正"加入"的对象，此时，对抗者的内心是在说，"我要加入他，而不是现在的你。"

个体心理学家阿弗雷德·阿德勒曾经举个这样一个案例。

一个 12 岁的女孩，偷了同学的钱，受到了处罚。女孩的父母把女孩送到阿德勒这里接受心理治疗。阿德勒询问缘由。女孩说，她认为妹妹得到了父母的偏爱，得到了更多的糖果和零花钱。阿德勒发现，女孩的问题行为背后真正在追求的社交对象。他让女孩了解到父母是爱她的，让她不再有嫉妒妹妹的心理。最终让女孩健康成长。

孩子的问题行为会让父母头疼，问题孩子常常会破坏家庭重要的物品，与其他同学打架。孩子"问题行为"背后真正在寻求加入的社交对象是谁？在岸健一郎看来，孩子常常用这些与他人对抗的行为，寻求与父母的交往，让父母接纳，重回"被爱"的亲子关系。

可见，对抗社交行为常常是工具性的。对抗行为的当事人，把攻击他人的行为，当作与"他"那个隐形社交对象的社交的手段，表面上的对抗行为，实则在与隐形对象进行社交——这个社交就是"隐性社交行为"。

【加入谁，就与谁合作】

是合作社交行为，还是对抗社交行为，它们的区别，就是看社交当事人"加入"的社交对象是谁。

对于"非加入"的社交行为，其内在逻辑是对抗的，利己的，无论其行为表象是否友好。

假球选手和观众之间的社交行为则是对抗的，表面上，球员在球场上为观众表现，而真实的行为是欺骗观众。

父母对孩子的严厉要求，甚至责备，父母与孩子之间是合作的社交行为。

社交行为究竟是合作的，是利他的，还是对抗的，是利己的。需要弄清楚，社交当事人的行为动机，是否是"加入"对方的。只有明确知道社交行为的当事人是在"加入谁"，我们才能了解，对方与我们的这次社交行为，是否最终对我们有利，还是会损害我们的利益。

社交，价值如何判断？

社交行为中还有一个社交决策的问题，就是人们用什么方式来判断一次社交的价值？

【一百元钞票实验】

如果路边有一张一百元的钞票，路过的人会有怎样的反应和行为？

经济学家曾经做过这样一个实验，古典经济学和行为经济学都为此做了不同的解释。

古典经济学的奠基人亚当·斯密，认为人是自私的利己的，同时，人会力求自己的利益最大化。由此，产生了期望价值理论模型，计算出交易中的最大化的期望价值。

所以，古典经济学理论认为，地上有钞票就会被人捡走。因为人是理性的，本性是自私的，人追求自己的收益最大化，必然会捡走这一百元的钞票。

以丹尼尔·卡尼曼为代表的行为经济学派却不这么认为。行为经济学派认为，人的理性是有限的，不同的人会因其非理性而用不同的方式对待这一百元钞票。

实际的观察也符合行为经济学派的预测，有人路过却不捡，有人捡了并等待遗失者回来。古典经济学理论似乎不能全然解释这种不确定的行为。

卡尼曼荣获 2002 年诺贝尔经济学奖，主要归功于他对不确定条件下的人类决策行为的研究，他发现：人们在不确定条件下，往往并不遵循期望价值理论，而是采取一系列的启发式策略进行直观判断。他将认知心理学的研究拓展到经济学领域。

不过，经济学界并没有否定任何一个理论，有一年的诺贝尔经济学奖甚至同时给这两个流派的经济学家颁奖。

事实上，古典经济学理论意在说明人的行为"应该是怎么样的"。比如，地上的钞票会被人捡走，没有被捡走是存在因素限制了人的行为，或者不捡走钞票，对人来说已经是最大化了他的利益。

而行为经济学理论意在解释人的行为"实际会怎样"。什么样的人会如何判断。一个亿万富翁可能压根看不上一百块钱，而对一个乞丐来说，一百块钱就显得异常珍贵。

【主观价值论】

在生活中，一个亿万富翁和一个乞丐对一百块钱有不同的价值判断。

经济学家发现，一个商品的价格是一个人愿意为之放弃其他商品的最大价值来决定的。这个决策过程，就是经济学中的主观价值论。

主观价值论是说商品的货币价格到底值不值，值多少，是一个主观的评估过程，人、时间、外部环境等改变，都会改变对一个商品的价值评价。一个商品定价 200 元还是 199 元，是商家们自主的决策。

但是，在市场中，商品的价格一旦确定，就是客观的，就会受到市场的检验。如果定价符合市场状况，那么商品就会卖得好，如果定价不符合市场状况，那么商品就卖得不好。

所以，一个商品的定价不得不需要与市场中的可替代的其他商品的价格对比。这个过程就好像是在拍卖现场，只有当很多人进行出价时，才能了解市场中该商品的可能价格；如果只有拍卖行的起拍价，该物品会因无法被定价而流拍。

这就是说，主观价值论中的定价必须符合交易行为的客观需要，主观价值受到客观行为的制约。

【对社交行为"定价"】

在非货币化的社交行为中，人们也采取类似的"主观价值"的评价模型，其中"价格"变成了"价值"，"定价"变成了"等价共识"，"信任"代替了"一手交钱一手交货"。形成社交活动的价值评价模型——"信任等价共识"，即社交双方对社交行为的价值达成"等价"共识。

比如，两个朋友聚餐，会说"这次我请客，下次你请客"，至于两次请客的实际花费不会有人去计较要必须一致。事实上，后面请客的朋友总是会尽力多一些花费，来回馈之前请过客的朋友。虽然在货币费用上并非完全等价，但是从社交来，两个朋友都认为这样的社交是"等价"的，两个朋友达成的就是社交的"信任等价共识"。

与商品定价的一次性交易不同，信任寻求更加长期的社交关系。在不确定性中，"信任等价共识"机制会倾向于使社交关系面向长期收益。人们倾向于在社交关系网络中，寻求长期利益最大化。

一个人在餐馆用餐完毕之后，即便无人看管也会自觉买单而不是偷偷溜走。一个人即便在情绪不好时，在公共场合也依然会督促自己有礼貌地待人接物；如果发现他人丢失的财物，人们也愿意协助归还。

在一次商品交易中，如果这次买到了质量不好的商品，那么，我们会排斥继续从这个商家那里继续购物，而会在提供高质量的商品的商家那里重复购物。

在商业行为中，货币承担了交易中的信任媒介的作用，"信任等价共识"机制的复杂性在于社交的私人性，似乎难以通过市场"觅价"来获得一个广泛认同的社交价值。但是，当文化介入到人们的社交行为中来，社交行为不仅具有它原有的私人性，同时也具备了社会性。对社交价值的判断，人们不仅会依据物质性收益，还包括对文化价值的判断，人格价值的评价，或者情感满足等非理性因素的价值判断。

　　"信任等价共识"的运用方式，可能是基于利益计算的判断，也可能是基于"信任边界"的评价模式。当人们对自己的社交边界或信任边界设立得不那么清晰时，人们就会习惯性地使用第一种"利益计算"的评价方式。所以，人们会尽可能用金钱来代替信任来处理人情世故，但是，这并不经常有效。如果依据"信任边界"来实现社交，那么社交行为也会变得清晰并且容易判断了。这部分的细节可以参看前述章节"构建你的社交边界"。

在社交中遇到权力

如果老板要求你加班，你同意了，那么就需要拿出额外的个人休息和陪伴家人的时间。你可以拒绝吗？可以，但是你的职业生涯可能就到头了。此时，你会感觉到被胁迫，被迫接受这个要求。为什么你会有这种感受？因为你遇到了社交权力。

【权力是一种能力】

要弄清楚社交权力如何影响和作用于社交，我们首先需要了解，权力究竟是什么？

有人说，权力是一种力量，这没错，但是一种力量只有被运用，并使运用力量的人从中获得利益，才会对他人形成权力，所以，权力是使用力量获利的能力或掠夺他人利益的能力。

比如，一个拥有武器的人去抢劫，对被抢劫者来说，他的武器就会使他拥有威慑他人生命的权力。

作为公司授权的经理，当他命令下属去执行某项任务，此时，他对下属就拥有支配的权力，这个权力来自公司赋予他管理的职权。

权力不仅仅是一种力量，还是一种影响人类行为的力量。

【权力的来源】

在社交关系中，权力依托的是什么？

最朴素的权力来自"人数众多"，即人员数量会让一个群体或群体中的领导者拥有支配他人的权力。

在社交行为过程中，社交的权力来源于人们对社交资源的拥有、管理和分配的能力。在社交行为中，占有并能够使用优势资源，是权力形成的重要基础。

一个经理的权力来自他被赋予的管理职能，就有了管理和影响下属的权力。

一个人拥有的食物、住所、衣着、出行、情感、智慧、体力、人格特质、专业技能、财富、社会地位，以及法律所赋予的权利，或者企业授予的职位等，都会在社交中成为支撑一个人的权力的资源。

一个群体拥有的资源，包括群体中的支持者、资金、土地、资源矿藏、公共的空间、获得生存物资的场所等的物资和资源，也会在社交行动中，成为这个群体执行其意志的权力资源。

在封建社会，一个地主拥有土地，农民需要土地耕种，地主的土地资源优势，会形成地主对农民的权力。

19世纪，洛克菲勒的标准石油公司（后来更名为"美孚"），曾垄断了美国石油能源的90%炼油业务。1885年，纽约布法罗一家石油公司曾控告美孚企图破坏该公司的工厂，企图收买该工厂经理，试图把石油加热到能炸毁工厂的程度。

据记载，洛克菲勒利用他在石油上的垄断资源，以及强大的经济力量，使用引诱、打压，甚至不惜破坏小的炼油厂设备，以实现对它们的兼并。1865年克利夫兰有55家炼油厂，1870年只剩下26家；1872年底，洛克菲勒又控制了这26家中的21家。

权力的产生，需要有两个条件：一是具备资源优势，二是存在需要资源的人。所以，如果没有资源上的优势，或者如果没有人对该资源有需求，那么社交权力就无法产生。在社交行为中，这些资源会协助资源拥有者，形成权力。资源供应者获得权力，资源需求者接受或服从权力。

权力的运用，在社交过程中，体现为一种对社交资源的供求关系。

【权力的运行方式】

权力之所以成为权力，是因为它是一种影响他人行为的力量。

权力会如何影响一次社交行为？简单地说，权力，来自一个人的优势资源，通过社交供需来支配他人，要求他人服从。

在社交中，权力会通过以下三种方式达成支配他人的目的。

1）权力追求非等价交换

拥有"百万英镑"支票的亨利·亚当斯，突然发现只要他出示支票就可以免费得到他想获得美食、服饰和酒店房间，而不必真的花钱来支付这些所得。

在社交中，资源是可以用来交换的，但是拥有优势资源一旦形成权力，却可能不进行等价交换，而仅仅使用权力来获得资源。

权力者利用掌控的资源来完成不对等社交的行动。权力追求对自身有利的结果，如果可以它更希望通过非等价的交换来获得。

权力并不追求公平公正，只追求不对等的利益，权力主体的行为会明显地更具利己性。只要有机会，只要有获利的可能，权力就可能会启动。在所有的不对等社交行为中，权力都有可能发挥其掠夺的本质。

2）权力会支配他人的行为

当权力存在时，权力就会支配对方，或要求对方服从特定的行动。权力对他人的支配，不仅仅是获得非对等的资源，还包括支配他人的行动，即他人的自由，这是权力的终极目标。

父母对子女的权力，表现在父母掌握着子女生存的资源，父母提供学习和社交的资源和环境，但是父母的权力要求子女服从父母的监管。

在学校中，老师向学生传道授业解惑，老师的时间和精力以及掌握的教学资源，使得老师有权要求，学生及学生家长，听从老师管理，配合教学任务。

在权力的行为逻辑中，他人的行为必须服从并有益于权力。只有在权力允许范围内，他人的利己行为才可以正常发生。

有些公司不允许公司内部的员工之间谈恋爱，要求夫妻双方有一方从公司离职。在公司规章中，公司就展示了自己的权力，在与员工的契约中，它用经济和行政权力支配着员工的感情生活。

3）权力要求及时满足

此外，权力还缺乏耐心，在等待他人的服从或资源回馈时，不愿意等待较长的时间，会要求及时满足。

银行抢劫犯会要求银行职员立刻拿钱给他们，他们绝不会喝着咖啡，等上四小时。

权力常常会通过回馈的时间长短，或人们行动的反应时间，来彰显自己权力的大小。越是强大的权力，就有能力在回报时间上尝试要求更短的延迟满足时间，在极端情况下，更是要求立即满足。

任性的孩子，当希望得到自己想要的玩具，希望获得更多的关注时，会利用父母对子女的宠爱——宠爱是一种情感资源，形成对父母的支配，他们会利用公众场合或社交场合，给父母压力，让父母立刻满足他们的要求。

【自由、信任和权力】

自由赋予我们自主自治的行动能力，信任赋予我们完成联合他人的行动能力，而权力则在自由和社交的空隙中发展出来，既显示了资源的社会凝聚，又展示着人的利己本性，带来无孔不入的机会主义。

只要社交，必然会出现权力的影响，我们并不能排斥权力对社交的影响，而是要想办法让权力对社交的影响保持在可以接纳的范围内。

自由、信任和权力，三者构成了我们观察社会现象和社交行为的方法论。

权力如何形成？

权力一旦形成，就不会自己毁灭自己，会一直存在，直到资源耗尽或者被另一个权力摧毁。

权力产生于社交。那么，权力是如何在社交环境下形成的呢？

在社交关系中，从信任到要求服从，权力通常会经历四个过程：呈现信任、建立长期交往关系、要求服从、最终建立强制系统。

1）权力呈现信任

权力也需要呈现信任。

1966 年，美国社会心理学家弗利德曼和他的助手做了一个社会行为实验。

他们派了一位大学生去登门拜访了一些加利福尼亚州郊区的家庭主妇，声称他正在为"安全驾驶委员会"工作，希望得到主妇们同意在她们家院子里立一块写有"谨慎驾驶"四个字的大招牌。这是个又大又笨拙的招牌，与周围的环境很不协调。结果只有 17% 的人接受了该项要求。

于是，实验人员改变策略，请主妇们帮一个小忙：在一份呼吁安全驾驶的请愿书上签名。绝大部分家庭主妇都很乐意地在请愿书上签了名，只有少数人拒绝。两周之后，弗里德曼又派另一个大学生再次访这些家庭主妇。这次，这个大学生访问时，请求家庭主妇们把写有"谨慎驾驶"四个字的大招牌竖立在她们各自的庭院里。结果有 55% 的人同意竖这块牌子。这个比例远高于直接要求竖牌子的行为。

这个实验说的就是心理学上的"登门槛效应"：人们常常会在接受了一个容易办到的小要求（在请愿书上签名）后，更愿意同意履行一个大要求（同意竖这块牌子）。

面对一个陌生的人或群体，权力常常尝试运用"登门槛"策略，来赢得对方的信任。

在旧中国，有许多基督教会建立的学校和医院，比如上海圣约翰大学和北京协和医院，就是当时基督教会办在中国兴办的学校和医院。基督教传教士早年进入中国时，希望直接向民众传播"上帝的福音"，但是效果不明显，后来教会改为教民众识字、帮助民众看病等方式，先解决当地民众生活上的疾苦，于是顺利地获得了一部分民众的认同和接纳。至今，通过办学校和医院进入一个陌生的地域，仍然是基督教向其他地区传教时采取的两种主要方式。

在社交过程中，为了快速赢得他人的信任，权力会通过向他人呈现自己的资源，并向他人提供他人所需的资源，引导他人发现其作为一个社交者具备的信任能力。通过展示权力者的信任能力，来确立自己在民众心目中可以被信赖和需要的社交形象。

2）建立长期交往关系

友谊和依赖，常常是在个体间的交往中形成的。双方会不断地向对方投入时间、金钱和情感，有时甚至是生命，来建立长期可信的交往关系，构建双方的交往所需的信任水平。

权力者在博得他人的信任后，也会进一步深化与对方的社交活动。这个阶段中，权力会试图保持社交的方式，满足民众的需要，并换取自己所需的利益，还会在社交过程中，宣扬权力的利他主义价值观，以向他人展示其值得长期合作的信任价值。

3）行使权力，要求服从

一个人对权力者的资源依赖越大，权力者对他的支配力量就越大。在长期社交关系中，权力就会要求对方服从权力者的特定要求。权力的行使是从对方的需要和依赖开始的。

在两个朋友之间，当友谊成为双方稳定的信任关系时，友谊就以文化权力的形式，要求双方"相互付出"。牺牲个人的时间来关心朋友的烦恼事，成为朋友之间默认的行为。作为情感和道德资源，友谊会成为一方要求另一方的权力，成为支配朋友的情感权力。

如果在期末考试进行中，你的一个朋友希望你能够告知试题的正确答案，你会因为维护你们之间的友谊，而同意提供"帮助"，还是会拒绝朋友的作弊的要求？如果对方坚持要求你给予这次协助，并用友谊这个情感权力来"压迫"你，为了维持双方的友谊，你可能会屈从于这个力量。

4）建立强制系统

如果对方开始服从，权力者会有冲动逐步建立一个强制系统，并推动成为双方的共识。司法、警察、行政组织、金融体系，社会信用体系，以及社会道德价值体系，都是社交关系中的强制系统。

一旦群体共识成为社交各方形成共同的价值观和文化观念，权力者就可以通过文化和政治等级的社会规范来限制其他人的某些行动能力，或者要求他人的行动符合权力规定的行为规范。

规范、价值观和文化，就如同"友谊"一样，通过意识形态和群体的力量，发挥支配作用，此时，权力的强制性就会发挥作用。无论是自发的还是强制的，掌握规范、文化和优势资源，权力者要求服从。这些强制系统最终展示了权力的合法存在。

虽然一个权力总是期望约束对方的行为，但是强制系统并不一定都是坏事。强制系统维系了社会秩序。

法律，作为一个社会行为的强制系统，为大多数人提供了一个可预期的行为准则，所有违反法律的行为都会受到法律的制裁。这种强制系统使得社会秩序得以维系。

还比如，科学精神就是一个价值强制系统。一位科学期刊的编辑，可以用"追求科学真理"的价值观，来驳回他好友的还不合适刊登的论文，即便他们的友谊破裂了，追求科学真理的信念，却在科学精神的强制系统下，被坚持下来了。

社会强制系统的存在使得群体内部的认知和行动趋于一致，如果能够给整个群体带来效益，那么就可以增强人与人之间交往的预期，提升群体中的每个人的信任水平。

强制系统约束了人的社会行为，使得原本人与人之间的社交行为变得可以预期。对社会强制系统遵从的行为，会成为一个人的可信任的价值的一部分，增强了一个人的信任能力，从而完成社会信任体系的建立和施行。此时，强制系统增强了人与人的社交信任。

【权力的平衡】

权力，因对资源的需求，而被"塑造"出来。而权力天然会回避公正。

对于公正的追求，就是对平等社交的追求，摆脱来自权力的掠夺。

对权力的约束，就是对公正的追求。然而，对权力不平衡的约束，必然要回到对社交资源的管理。对资源的拥有和需求滋养了权力。在社交中，回避权力的一种方式是对拥有资源的一方的回避。

那么，什么时候社交关系是平衡的？

当社交的双方各自掌握一部分对方所需的资源，并且没有任何一方在某项资源的占有中具有优势，那么社交双方的权力就会处在相对平衡的状态下。或者，当一方没有诉求需要对方的资源时，对方的权力就难以展现出来，双方也会处在较为均衡的社交状态中。

在市场经济中，由经济资源和财富资源形成经济权力，当资源分散在各个交易者手中，权力也会由各个商业组织分治而形成，商业行为总体上会形成权力均衡的交易关系。

社交的两条线索

在一次短途的跟团游中，团队的导游有时表现出对一车游客的关心，但如果游客有些许不满或反对意见，他又会用强硬的语言斥责一车游客。这个导游利用他掌管游客行程的权力"恩威并施"，要让每个游客在旅游购物点花尽可能多的钱。

【发现社交中的权力】

可以说，所有社交行为中都会出现社交权力的影子。

有的来自长幼尊卑的伦理，有时来自高大健壮的身体优势，有的容易受高超的语言技巧的诱导鼓动，有的可能因舆论、思潮风向产生压力。更多的时候，我们需要处理复杂的局面之下的权力关系。

在社交中，权力者并不一定都会以一个我们认为的权力姿态，来影响和支配我们的行为。粉丝们崇拜某个明星，这种情感就会让明星对粉丝形成支配的权力，但是粉丝和明星未必清楚地意识到这一点。

在社交过程中，如何辨别是否存在某一个权力在支配我？可以观察一方拥有哪种优势资源——拥有哪种优势资源的一方，就会拥有哪种形式的权力。

如果社交资源关乎等级、法律和规范，要求采取的行为是维护秩序的行动，那么这个权力形态就是政治权力。

当交换的资源是商品、服务和货币，要求采取的行为是"平等"交易行为，这时的权力形态就表现为经济权力。

同理，当社交资源是知识或文化仪式，要求采取的行为是学习和意识上的认同或要求"融入"，此时的权力就表现为文化权力。

武力权力的表达方式，会更多以他人的健康或生命作为社交资源，要求对方服从指令。

政治权力、经济权力、文化权力和武力权力这四种权力形态，会渗透在个体之间的社交行为中，支配着弱势一方的行为。

【社交的两条线索：信任和权力】

在社交行为中，信任是社交的底色，权力是社交的产物，资源是社交的内容，行为是社交的载体。

在所有的社交关系中，都存在两条线索：信任和权力。

第一条线索是基于利他行为和信任。这一线索衍生出道德、情感和文化。这条线索推崇美德，推崇人与人之间的关心，它激发幸福的直接感受，引导人类走向文化和道德情感建设的方向。

第二条线索是基于利己的权力。这是一条追求个体利益方向的线索，权力的动力就是对资源掠夺，追求不对等的社交收益。

这两条线索都不是单独形成和发展起来的。基于利他行为和信任提供的社交行为，支撑了资源的交换；权力虽有支配的力量，却依然离不开"信任"，权力需要依靠信任，来触达社交人群和发挥效力。

【选择信任，还是选择权力?】

依赖信任可以形成友谊，使用武器会制造敌对关系。

在社交行为中，选择不同线索，会产生不同的社交行为和不同的结局。

爱情中基于信任和付出才能培养双方的感情。但是，在离婚诉讼中，双方会使用法律权利，来要求对方服从。在婆媳关系中，婆婆会凭借做长辈的道德权力指使媳妇，就容易发生冲突。

职场中的合作是基于信任和相互支持，而不同小团体之间会利用权力相互倾轧，追求自身的额外利益，增加竞争。

使用权力会消耗掉一个人的资源，会大大增加其社交的成本。

当权力追求不对等的社交收益时，他依赖背后的暴力，这些组织行为，就会消耗社交资源，增加社交的成本。

而信任不同。面对复杂多变的世界，人类运用信任机制，对空间上和时间上的复杂信息进行简化。"信任靠着超越可以得到的信息，概括出一种行为期待，以内心保证的安全感代替信息匮乏。"

政治权力是什么样的?

常见的政治权力体现在西方政客之间的权谋斗争中。

美剧《纸牌屋》中，主人公弗兰西斯·安德伍德是一位极具政治野心的民主党众议员，也是众议院多数党领袖。在他支持下成功成为美国第 45 任总统的沃克，在就职后却背叛了他。安德伍德利用掌握党内人士隐私的优势，操控了一个又一个官员，对内阁展开大规模围剿，紧紧咬住所有人的弱点，除掉了一个又一个对手，扫清了一个又一个障碍，逐步实现自己的总统梦想。

事实上，政治权力并不仅仅出现在政府组织中，它也会出现在所有多于两人的社交现象中。

【影响他人的能力】

政治权力，是利用他人或组织影响其他人的能力。

在任何一个组织架构中，凡是依托组织规范或社会规范，向个体提出行动要求，这种社交行为关系中都会出现政治权力。大到国家，小到一个团体，皆是如此。

在一个国家组织中，政治权力，是利用所拥有的行政资源（比如行政授权、组织等级、司法机关、军队）和公共资源（比如公路街道、机场车站），影响（提升或阻碍）他人的资源和行为，从而改变（提升或阻碍）社会趋势的能力。

而学校的老师要求学生穿着校服到校或参加学校的庆典活动，这也是典型的利用学校规范和秩序要求学生服从，这也是一种政治权力。

"政治权力"，实际上是一种通过组织或调整他人的力量来支配另一些人的能力。

在一个组织中，比如企业组织，政治权力会利用企业中的他人或资源，比如授权或流程程序，增加或削弱另一些人的行为能力和社交关系，来形成对他人的行为和资源支配。

在企业的行政组织中，企业内部的上级命令，是一种企业内部政治权力的形式。利用企业程序，设计某些游戏规则，或做出某种幕后安排，让对手就范，也是在运用"职场政治权力"。

在日常的交往中，有人擅长利用他人的行为，来影响另外一些人的行为，也会形成对他人的一种政治权力。一位女性私下说另一位女性的坏话，又在后者那里说前者的坏话，利用两位女性各自存在的弱点或问题，挑拨离间她们的关系。

如果三个普通朋友，当一个朋友离间其他两人关系时，这个人就是在利用一个朋友的行为，支配或影响另一个朋友的行动，从而达成自己的目的。这是普通人之间的政治权力的一种表现。

宫斗剧中，我们常常看到几个女性之间争斗，也是一种小团体的政治权力的现象。

对个人而言，"政权权力"体现在对个人活动的有效性进行组织和管理。在家庭内部，通常是妻子在管理家庭内务，男性通常处在家庭事务的边缘地带，于是，女性常常拥有整理家务事的"政治权力"，她们可能要求家庭成员保持家庭整洁，包括要求丈夫参与或履行某些家庭义务。

【支持者的力量】

政治权力，来自支持者的力量。

孙中山先生曾经对政治下了一个简单而明确的定义，他说：政治，简而言之，就是对众人的组织和管理的事务。政治权力是管理和组织他人的能力。

政治权力是一种管理他人的权力，但是，管理一个人是相当困难的，所以，政治权力需要获得一定数量的支持者的支持，依仗支持者的力量，来实现对他人的管理。

英国社会学家迈克尔·曼认为，政治权力是"那些控制国家的人，即国家精英，能够得到的权力"。政治权力依托的主要资源正是一群支持它、为之服务并从中受益的支持者。所以，这个群体的支持者的行动能力就决定了这个政治权力的大小。可见，政治权力并非某个独裁者或领袖人物天赋的权力，而是源自一个支持者群体对组织能力和指令的认同。

在自发的自治组织中，政治权力是被群体赋予的，没有群体的认同和支持，政治权力无法存在。在这样的自发组织中，政治是一个执行群体意志的行为，是拥有政治权力的组织者对这个群体的一种服务和奉献。

实际上，如果我们将所有协调人与人关系的行为都视为政治权力，那么，政治权力其实发生在我们社会关系和社会行为的每一个角落。在社交行为关系中，任何依托于改变人与人关系的社交行为，都可能演化为一种政治权力。

文化权力如何影响社交？

利用文化、知识以及群体价值观的共识，支配他人，就会产生文化权力。

【文化权力】

文化权力来自掌握和垄断特别的知识。文化权力制造和解释文化，它是指导他人的自觉行动的能力。

在古埃及时期，文字读写是少部分人的技能，即便统治者也多有不识字的，统治者需要雇佣一批抄写员，来替他们写政府文书，朗读官员呈上来的文件。由于掌握文字，这些抄写员获得了与祭司同样的特权地位。

医生对病人有医学和治疗上的知识和技能优势，通常医生让病人做什么，病人都会很配合很服从。病人愿意服从医生的指令，是因为认为医生具有特殊的知识和技能，可以改善病症，对医学知识和医术的信赖也赋予了医生的文化权力，产生了支配和服从的权力关系。

最常见的文化权力，以伦理道德的形态出现在人们的生活和交往中。不赡养老人，是中华文化斥责的行为。

在学校里，也有文化权力的现象。学习成绩好的学生，总是可以获得老师更多的关注和实际的帮助。学校和老师通过为好学生提供更多的发展机会，以期为学校和自己带来名誉上的回报。

文化和文化权力，也正是在这种社交行为的互利过程中，完成与民众的融合，或者说将民众的思想，融合到文化权力设定的认知轨道上。

【文化权力的形成】

雅利安人征服印度后，创造了印度教，创造出原人（意思是人类之始祖）的形象，设计出种姓制度，将印度人分为婆罗门、刹帝利、吠舍和首陀罗四个等级，以及贱民。在文化观念上，实现对社会人群的阶层划分，安排人与人的等级关系。

最早的文化与血缘有关。征服者或者统治者，利用血缘关系之间存在的利他、牺牲和服从的自然伦理，发展出整个社群统一的伦理和道德共识，以及宗法制度。

作为封建领主，周王朝王室通过赐姓、胙土和命氏，经由血缘远近、嫡庶之别，将"天下"的人口分为周人、殷人和土人三等，从维系血缘关系和秩序的宗法制，对领地和人口再组织，构建出社会关系、社会地位和群体成员的行为秩序和规范，制定出社会等级和社会制度。这些制度演化到后来，形成了同样具有血缘逻辑的中央集权的社会制度，并最终形成中国特有的"家天下"的社会文化和意识形态。

对知识的外延演化，会形成群体共识和一致行动。古人运用天文知识演化出族群的行为礼仪、礼制和仪式等。"知识的外延"，就是对一个知识进行联想和对外联系，用于解释新的现象和规律。"桥"原本是一座跨在河流两岸的物体，经过外延后，"鹊桥"就被视为爱情的象征。这些"知识的外延"，也正是掌握知识者运用其支配性权力的过程。

【牺牲是文化权力的要求】

中国许多有关远古时期的神话，如大禹治水、女娲补天等，描述了牺牲、奉献和利他行为的文化意义和鼓励仪式。

几乎所有的群体，几乎所有的文化和文化权力，都推崇牺牲精神。牺牲，是文化权力在社群中运行的指导原则。牺牲文化或利他精神，通过群体内的社交利他行为达成共识，并仪式化和意识化，成为文化权力依赖的核心资源，也是驱动群体行动的评价准则。

　　文化权力一旦形成，不仅为权力群体服务，也会为群体中的所有成员和个体服务。文化权力与人和一个群体的生存需要、精神追求、知识进步、技术和工具的进步息息相关。

经济权力与武力权力

在社交活动中，人们除了面对文化权力和政治权力，还会面对经济权力和武力权力。

【经济权力】

当一个人利用经济资源要求另一个人服从时，就会形成经济权力。

马克·吐温在 1893 年发表了著名的小说《百万英镑》，讲述了身无分文的美国小伙子亨利·亚当斯，在伦敦遇到了一次奇遇。伦敦的两位富翁兄弟打赌，把一张无法兑现的百万英镑支票，借给身无分文的亨利，想看他在一个月内如何收场。

在一个月的时间里，在经历了衣食住行的各种主动赊账后，亨利不仅没有饿死，还住进了汉诺威广场专供富人住的豪华旅馆，并成为伦敦城中的著名人士之一，他用百万英镑支票做担保，在矿山的交易中，赚到了属于自己的巨大收入，成了一个真正的富翁。

在社交过程中，一张百万英镑支票对他人形成了经济权力，改变了对方的行为模式。

那么，什么是经济权力？所谓的经济权力，发生在交易行为中，一方利用其掌握的具有优势的经济资源（比如货币及财物资源），形成能够支配他人行为的能力。

那些可以被需要的优势财富会形成经济权力。作为顾客，我们在购买商品的过程中，也会形成经济权力，花费越大，在交易中，经济权力也越大。

【武力权力】

动物界中，在狮子群中，母狮们捕获到的猎物，公狮会占为己有，优先食用，母狮们通常要等公狮吃饱后，才能进食。公狮霸占母狮的猎物，依赖的就是它比母狮更强壮的身体和力量。更强壮的身体和力量形成了公狮的武力权力。

在校园霸凌的事件中，一小群学生依仗他们小团体的人数，欺压较为柔弱的同学，依仗的就是人数上的资源优势，从而对弱小者实施暴力行为。

当一方利用物理力量，比如强壮的身体或武器和暴力，以威胁他人的生命、生存、或以伤害身体和精神为手段，要求他人服从，就会产生武力权力。

家庭暴力发生的一个原因，也是男性的力气比女性大。

人数、武器及对人类行动进行"物理性"剥夺的工具，都形成武力权力的资源。在国家层面，军队、警察以及其他暴力支持机构是形成武力权力的来源。在个人社交层面，身体强壮，人数众多，手持刀枪等利器，是形成个人武力权力的资源。

武力权力的结局是什么？

在古希腊时代，希腊的雅典城邦和斯巴达城邦之间的30多年的战争，虽然斯巴达获得最后胜利，但是因战争带来的资源和权力的萎缩，斯巴达最后也被马其顿王国所灭。

武力权力的结局只有两个：要么走向毁灭，要么走向社交。

武力是一个资源消耗的权力力量。单纯的武力权力看似是具有扩张性和威胁性，但是没有组织、没有目标、没有凝聚力的暴力力量，不能成为持久的武力权力。

西汉时期，汉武帝对匈奴和西域的军事行动，动用了全国的经济资源，虽然军事行动获得胜利，但是经济资源被过度使用，导致民间的经济被破坏，官府不得不卖官鬻爵，汉武帝在国家治理和朝廷管理方面的政治权力也被削弱，被迫低头写"罪己诏"。

在罗马帝国穷兵黩武的时代，经济资源倾向武力权力，因而导致社会发展的倒退，最终帝国没有了军饷，罗马帝国也灭亡在日耳曼蛮族的手里。

英国社会学家博尔丁说："战争经常造成胜利者和失败者双方的贫困。"虽然武力可以用消灭生命的手段，要求人们的服从，但是，武力权力会因为消耗资源，而削弱了对经济、政治和文化三种权力的支配能力。

为了避免权力走向解体，一个武力权力最终会实行基于社交关系的行为规范。

武力最终都只有与文化、政治和经济三方面进行资源合作，通过对等的社交行为关系，才能获得稳定的资源供给，最终获得长期稳定的权力地位。

群体如何介入社交？

一家公司 CEO 的不当言行，如果被媒体曝光，会引发公司的信任危机，影响这家公司的投资人和上市计划。所以，CEO 的行为，必然受到投资人、社会公众的制约。

在社会交往中，看似孤立的社交行为，其背后都可能正受到群体的影响。个体的行为，在社会关系中，也常常是群体性的行为。

【群体介入】

在 1956 年，心理学家阿希设计了经典的三垂线实验。实验在大学的实验室进行，每 8 人一组，其中 7 人都是请来的演员"托儿"，他们知道实验的真实目的，只有被试 1 人被蒙在鼓里，以为自己参与的是一个"视觉认知"测试。

首先，心理学家会给每组展示一张纸，纸上画有一条标准线；接着展示另一张纸，纸上画有三条长度不一的线，分别标为 A、B、C，组员被要求在 ABC 中选择和标准线长度相同的一条。每个人会依次喊出自己的答案，每场实验中，被试的人都被安排在最后一个回答。

这个实验一共进行了 18 次。在其中的 6 次实验中，演员们给出了正确的答案，此时只有不到 1% 的人给出了错误的答案。反之，在其余的 12 次实验中，演员们都按照要求故意给出了统一的错误答案。结果，被试者的最终正确率是 63.2%，也就是说有 37% 的人附和了群体不正确的答案；有 75% 的人至少出现了一次从众行为，只有四分之一的被试者坚持了自己正确的答案。

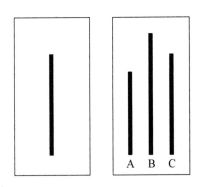

这就是著名的从众心理实验。

显然，当群体出现时，个体的判断和行为会受到这个群体的影响。当一个独立个体与另一个群体交往时，势必会形成群体对个体的社交行为，群体会以某种形式"介入"到与个体之间的交往。这个过程就是"群体介入"的心理过程。

当一个人面对一个群体并试图加入这个群体时，群体会通过"群体介入"影响个体的心理并改变他的行为，而这个人会表现为从众或服从。"群体介入"改变了个体对自己和群体的看法，进而改变了其自己的社交行为。

【群体权力】

非洲东部的马赛人，被誉为"一个连狮子都惧怕的民族"。在马赛人长期的传统中，一个男子的成人仪式就是用长矛杀死一头狮子，以证明自己的勇敢和力量。其实任何人见到狮子都会胆怯害怕，但是，马赛的年轻人必须遵从这种群体文化和仪式，以便得到部落的接纳和认同。

一个群体天然带有对其成员的群体权力。同任何权力一样，它一旦形成就会开始支配他人和要求服从。在与一个群体社交的过程中，群体的人数及其优势资源，会形成对个体的群体权力。当一个独立个体愿意参与群体社交，他就会受到群体权力的影响。群体权力首先来自以群体的数量而自然形成的力量，由于力量对比的差异，群体会要求他服从群体的要求。

群体权力有时会以文化的形式出现。当群体权力以道德伦理的样貌出现，如尊老爱幼、舍己救人、为国捐躯，就装扮成不成文的文化道德。群体权力也会以成文的法律法规的形式出现，会明文规定或制止某种社会行为。

【强制信任】

群体权力是混合着文化、道德、法律和暴力的强制力量。群体权力会对其成员提出强制要求，这种强制性有时也可能带来一些好处。

很多年以前，出国到西方的中国人看到在西方社会道路上，车辆经过没有红绿灯的十字路口时，人们会自觉采取依次交互通行的会车策略。在路口，每一次先通过一个方向上的一对车，后续车辆停下来，等待另一方向上的一组车辆通行，然后再等待之前方向的一组车辆通行，整个十字路口的会车有条不紊，通行秩序井然。

于是有的人回国后尝试在国内的交通过程中采取礼让行人策略。但是，当他们自己试图保持这种行车礼节时，其他车辆还是在奋力插队，交通依旧乱作一团。

这种现象直到政府出台一项类似"会车交互依次通行"的强制法规后才发生变化。这项规定要求驾车者必须礼让行人，并在交会车时交互依次通行，否则会有相应处罚。规定一出，几乎一夜之间，城市的所有汽车司机都很好地遵循了这一规定。

为什么"会车让行"的行为要强制执行时才会有效呢？法规给群体成员提供了社会性的信任系统，提供一个趋于一致性的行为预期，从而增强了个人之间行为的可预期和信任能力。履行这一规定的司机们发现，他面对的交通状况大大改善，所以，就更加愿意履行这一义务。

同样的情况，也出现在"礼让行人"和"斑马线行人先行"的交通规则的执行情形中。

当一项强制性规定符合人们的实际状况，满足人们社交生活中的实际需要，就会提升人们的行为的效率和效果，所以，某些强制性规定也会发展出社会的普遍信任，成为一种社会系统信任。

02

社交生活

社交与社会

社交创造财富

奇货可居的故事出自《史记·吕不韦列传》。吕不韦是战国末年人，他本人是赵国富甲一方的商人。他将秦国太子异人运作为秦国国君，也权倾秦国，获百万利。华人世界曾经的首富是李嘉诚，他最早是一个塑料花的销售人员，后来买楼，又收购兼并大量资产，最终成为首富。

现在，梵高的一幅画被视为无价之宝，然而，梵高生前却穷困潦倒，需要他的弟弟救济。大部分作家或纯技术人员也并非很富有的人。

人们会好奇：为什么富豪多是商人，而画家或作家，纯技术人员却很少？富豪的盈利从哪里来？

【以物易物】

2005 年 7 月 14 日，加拿大小伙凯尔·麦克唐纳德开始了一次"以物易物"的实验。"以物易物"是在货币或货币样媒介出现之前，人们进行物资交换的方式。

在 2005 年 7 月 14 日至 2006 年 7 月 12 日一年内，凯尔·麦克唐纳德从一枚红色大曲别针开始，经过 16 次物物交换，最终换得了别墅的使用权。兰登书屋公司与他签订出书协议，后来他把电影拍摄权卖给了好莱坞梦工厂。

我们来看看凯尔的 16 次以物易物的过程。从一枚红色回形针开始，他用他从一对夫妇那里换得一支鱼尾形圆珠笔,然后用圆珠笔换得一件骷髅把手饰品,然后换得一台野营微波炉,继而换得一台旧的家用型发电机,之后是一个有纪念意义的啤酒桶和一张欠单(要装满啤酒),一辆雪橇摩托车,一个免费度假安排,一辆旧的两用货车,一份录音棚的合同书(50小时录音、50小时混音制作),美国凤凰城免费租用一年的双层公寓,与著名摇滚歌星艾丽斯·库珀一起喝下午茶的机会,电视演员科尔宾·伯恩森在新片中提供他的一个演员角色,最后换得一幢别墅的一年使用权。

假设回形针的价值是1元,而别墅一年使用权的价值为1万元,那么,不用任何金钱,单以"以物易物"的方式,凯尔就让自己的财富或者更准确地说,让自己的资源的价值增加上万倍。

无独有偶。在电视连续剧《鸡毛飞上天》中,有一群"换客"。男主角陈江河的第一桶金,就是这种"以物易物"方式换来的。陈江河用糖换了鸡毛,用鸡毛做了鸡毛掸,以此换了钱,买了一批棉布条,他用棉布条做成拖把,再卖了拖把买进一批农作物废料,这次农作物废料作为饲料卖给了养猪场,以这笔钱,承包了一家袜子厂。

如果我们把钱(货币),也视为一种商品,那么,整个商业过程是一个完整的"以物易物"的交换过程。

【流转提升物品价值】

商业交易或者仅仅是物物交换,通过人与人之间的多次社交,使得资源的价值得以增大。一件物品在不同的人手里,具有不同的价值和收益。不仅凯尔换得的资源价值得以提升,所有参与凯尔以物易物的社交对象,都从社交中获得了资源的增值,包括出版商和梦工厂。

社交本身创造价值,多次社交,通过物品的周转,获得物品自身价值的提升,从而让参与整个社交的人们都获得了高价值的物品,从这个意义上,参与社交和交换,就可以使人们致富。

商人是专门从事这种社交和交换的人，他们在不同的人之间进行社交和交换。他们可能交换或交易一批谷物，也可能交换一批丝帛，可能与农民交换，也可能与画家作家进行交往和交换。现代企业中的销售人员，履行这类似的工作，企业中的 CEO 不仅参与商业交易活动，还要参与政治社交活动，通常是一家公司最大的销售人员。当一位画家一年只卖出一幅画时，画商们一年可能已经完成十余次的艺术品交易。可见，谁参与社交和交换的次数多，谁就可能获得更大价值的资源，他的财富也因此会数倍数十倍的增加。

事实上，商人并非通过一次交易就可以成为富豪，反而是薄利多销、连锁经营造就了超级富豪，比如像沃尔玛超市。还有如京东、天猫、淘宝等电商平台，让更多人、更多商品的交易和交换活动得以完成，这个过程创造了更高的物品的周转绝对总值。所有参与其中的商人都因此也获得巨大的财富。

盈利就是来自长期社交的结果。社交会带来盈利，其核心过程就是让物品在流通中，在不同的人手里，获得更大的价值和收益。

【物品是如何在交易中增值的？】

为什么物品在不同人手里会有不同的价值？

除了经济学所述的"使用价值"因人而异，从交换角度看，物品的交易价值才是使得商人致富的根本。因为物品会在流转中，在交易和交换过程中增值，当流转加快时，商人的财富也会快速增加。

这些增加的财富就是"盈利"。在一个平等的交换或社交过程中，物品不会使得交易双方的价值发生变化，那么财富是如何在社交中增加的呢？

在新古典经济学理论中，盈利都是意外的，英文叫做 windfall profit，意思是"天上掉下来的利润"。具体来说，盈利是"在我们意识到这个商品的价值跟预期不一样的瞬间产生的"。商人要想获得盈利，就是让顾客对商品"重新估值"，并且是"高估"商品的实际价值。盈利来自"高估值"。

盈利产生于"意外"，是指盈利所得的价值或收益，不是通过"等价"

交换来实现的，不是在交换的意义上的所得。同样，这种"意外"也不会有成本支出，经济学中的盈利也没有对应的支出成本。

同样的，经济学中的亏损也是"意外"的，英文叫做 windfall loss，是指"那一瞬间"的，"意外的，是没有想到的"价值贬损，人们"蒙受损失，只不过是一瞬间的事情"。

这里，我们参考经济学教授薛兆丰所举的关于一个碗的例子。

比如，如果我花 10 元钱买了一只碗，后来发现是个古董，市场价值 1 万元，那么我就在发现其市场价值时，盈利了 9 990 元。如果我继续使用这只碗，那么我使用这只碗的成本就是 1 万元，这是"我放弃的最大代价"，因为 1 万元是"这个碗被送到博物馆，吸引游客所能赚回来的收入"。

相反，如果我花钱 1 万元买了一只碗，因为我相信它的古董，结果回家发现是个假货，只值 10 元，那么我的亏损就是 9 990 元。它的成本只有 10 元，如果我继续用它来吃饭，我的使用成本就是 10 元，因为我只是放弃了卖掉它最大可得收入 10 元而已。

盈利和亏损，都来自交易中对商品的"重新估值"。是估值的差异导致了一次交易出现盈利或亏损。估值是人为的，所以，精明的商人会"引导"人们，"高估"商品的价值，从顾客"过度"的估值来获得盈利。

盈利不在交易的正常估值之内，而是在交易发生时的重新估值。当然，盈利也是实实在在赚到的钱。如果你成功地让对方高估了价值，那么你就可以从中获得"意外"的盈利，虽然对你来说，是"有意"的。这是从经济学看到的商人的赚钱的逻辑。

下级能支配上级吗？

有一个研究成果被称为"俘获理论"。这个理论来源于斯蒂格勒在1971年发表的《经济监管理论》一文。斯蒂格勒指出，监管者不仅能够监督下级，还能够为被监管者——就是下级，带来资源的配置收益，比如直接的预算和补贴、对潜在对手的控制、提升信任减少实际的监管等。为获得这些收益，被监管者或下级将动用种种资源和手段"俘虏"监管者。当监管者一旦被俘虏，监管的设计和实施都将围绕被监管者的利益展开。

【权利不是权力】

经济学的观点认为，权利不是自然而然的，权利不来自神的授予，也不来自逻辑的判断，并且权利也不来自法律，"权利是人赋的而非天赋的"，是"需要社会上其他人的共同认可和秩序"。

权利具有这样的特征："权利是通过社会强制而实现的，是别人授予我们的；不是我们认为有就有，而是别人认为我们有才有；要别人愿意出来保护我们行使的自由，才能叫权利。"

在社交视野中，权利是一个人被赋予的可以执行某种行动的资源。权力仅仅需要依赖资源，权力不用法律，不用逻辑，也不用社会其他人对其认同，就可以在社交行为中自然发挥作用。可以说，权力是天赋的，是由资源赋予的。

权力一旦形成，就会立刻使用。权力基于占有的资源优势而出现，不需要他人的授权，只与个体拥有的资源有关。权力是伴随着资源的存在而自然发生的，只要资源存在，那么权力的力量就会被感受到。所以，权力是自然形成的，在社交关系中，它是资源的供求产生的结果。而权利是主体某种行动能力的授权，是来自他人的授予。

权利本身不是权力。权力也不是权利。

买卖交易中，顾客有资金资源，商家有商品资源，双方都有执行交易所需的权力，不需要授予顾客"购买权利"之后才可以进行消费。

权力是一种可自行执行的能力，即便没有人授予或外部系统支持，权力也可以强制执行。而权利需要一个制度或体系来保护，才能够发挥作用。

权利与义务相对应，履行义务，相应的权利才会得到保障。但是，权力没有对应的责任或义务，它可以独立存在。权力具有要求他人服从、支配他人行为的能力。权力的力量不包含承担义务，权力追求不平等的社交行为。

权力一旦形成，也不会自动瓦解。但是，权利一旦为收回，权利就不再有效，不再会发挥效力。

正因为如此，一个美好的社会中，需要让权利更好地规定，并用规定好的权利管理权力。

【权利如何变成权力？】

企业中经理的权力，政府中官员的权力是如何形成的？

当拥有权利可以作为一种社交资源时，在这样的社交过程中，这种权利就自然而然地形成权力，成为可以支配他人的行为的力量。

老师有判学生不及格的权利（不是权力）。当大学老师把打分的权利作为自己的资源，而对学生提出要求服从的指令时，老师就可能拥有某种权力。这样，权利就作为权力的资源，形成了权利的权力。

同样的现象也出现在人事组织中，比如"辞职"和"解雇"这两种组织赋予员工和经理的权利。

"辞职"本身不能构成为一种权力，而是雇员的权利。如果雇员利用辞职，要求雇主为自己加薪，此时，拥有辞职的权利这种资源，就成为雇员要求雇主加薪的一种权力。

"解雇"也有类似的情况。通常雇主只有解雇的权利，但是，如果解雇这种权利被用来迫使雇员服从"996"的加班，那么雇主就因拥有这种权利，而形成支配雇员行为的权力。

还有其他类似的权利带来权力的现象。比如，教练的权力来自教练使用自身教练经验，来要求运动员服从其指导和安排。乐队总指挥的权力——总指挥使用总指挥的职权或者因为自身的专业能力，要求乐团成员听从他的演奏安排。这些权利通过指令的方式，来发挥权力的作用。

【权力的反转】

群体或组织权力失去对成员下属的制约力，这种现象在历史中多次出现，比如李斯和赵高挟持秦二世胡亥，春秋战国时期的齐国卿大夫田和取代姜氏齐康公，厨子易牙饿死齐桓公。

无论在庙堂之上，还是在职场中，下级常常会找到一种途径来逃避权力的制约、惩戒，甚至造成对权力的反转。

因为权力形成于社交资源，所以，下级也需要找到相关的资源，来形成足以对抗组织权力的权力。事实上，在真正的上下级业务关系中，并非只有一种资源参与到上下级的社交关系。

在"俘获状态"中，下级对上级的权力，被监管者对监管者的权力，主要由两方面的资源构成：他们掌握工作中的实际信息资源以及具有完成特定任务的独特技能和能力。

如果下级所掌握的组织行动中的实际资源，或者下级的技能作为一种关键资源，参与与上级的社交行为，当下属掌握这些足以影响上级的行为时，就会出现下级俘获上级的现象。这样，下级对上级也会形成某些权力，从而可以控制上级。

博尔丁指出，"在指令自上而下传达的同时，信息也自下而上汇集"，"领导权力实际上常常不如领导们想象的那么大……在等级结构中指令往往得不到贯彻"，权力做不到越级支配底层人员的行动，某种程度上权威还可以从底层获得。

可见，当下属拥有对上级支配的信息、技术和知识的权力时，上级的权利并不能转化为支配他人行动的能力，此时，上级的权利并不一定能够保证自己的行动意志得到落实。

向上管理的社交思维

当 90 后进入职场，老板们发现，他们无法有效管理新一代的雇员了。70 后、80 后员工将自己的利益与企业的利益紧紧地捆绑在一起，企业的业绩好，他们的收入也会提升。90 后的到来，带来了一些变化。工作的乐趣变得很重要，没有兴趣给再多钱，90 后们也会拍屁股走人。90 后不再把公司层级当回事，95 后更肆无忌惮地调侃着上级老板。下属跟老板的关系在发生变化。

既然老板管不了下属，于是，老板们想出这样一个概念——向上管理。

企业老板希望下属能够表现出工作的主动性和责任心，不仅仅听指令办事，而要把自己作为对目标负责的行动主体，老板希望下属从上司的目标出发，争取组织资源，完成任务，履行职责，进而获得老板肯定与信任。

老板想得很美，但对 90 后下属来说，采取向上管理，除了是要让老板认同你的能力、责任心和组织价值，更重要的是让老板支持你，给予你必要的组织资源。

所以，向上管理不仅是老板的目标，还成了下属获取资源和地位的需要。

【向上管理的个人资源】

以社交视角来观察"向上管理"，要实现有效的向上管理，首先要驱动上下级之间的某种权力对等，这就意味着员工需要在具体的某件任务上，具备与老板近乎对等的权力和资源，以便在该项任务上形成权责对等的关系，实现员工对老板的向上管理。

在一个组织中，员工并不具备老板或上级由组织赋予的资源和权力，那么员工如何获得这样的资源和对等关系呢?

一个基本的判断原则,就是当你的行为会影响这个组织或者这个部门的资源的得失,并且这个资源的得失足以影响到企业组织或者部门领导的权力和地位时,你就可以依托这个已发生或者未来发生的资源,以此作为权力的依托,来抗衡上司从企业组织中获得的权力。

比如,你掌握足够的客户资源,那么就会形成对销售部门、甚至企业最高领导的影响力,获得向上管理的对等权力。

比如,你具有某种特殊的技能或者专业能力,并会很大地影响企业组织的收益或者客户关系,那么你具备的这种技能或专业能力,就会成为你向上管理的资源和权力。

所以,向上管理的核心是员工能够找到自身的独特资源,并影响企业或部门或是上级的资源和权力,他才有可能获得相应的权力,来进行真正有效地向上管理。

如果一个员工觉得自己并没有足够的客户资源,也没有强大影响力的技能和专业能力,那么,他至少还有两项个人资源,可以来作为自己在企业行为中获得一定权力的资源。

这两项资源之一是个人的时间:你是否愿意主动为企业为部门为上司付出更多的时间?这就是所谓的勤能补拙,企业中有大量的事物需要耗费极大的耐心、时间和细致去做好,一个员工愿意以最大限度付出自己的时间和勤劳,对企业来说也是一份巨大的资源。虽然勤奋在某种程度上并不能够为个人带来足以抗衡企业组织权力或上司权力的对等力量,但奉献更多的时间,精力和勤奋的态度依然是可以为自己主动争取到弱化企业行政权力对个人自己的掠夺,尤其是个人价值感的剥夺,从而让自己处在组织关系当中的积极位置。

另一项个人资源是你的忠诚,即你的信任价值。如果一个普通员工的所思所想,他的行为的目的和方向,并不是为个人谋取短期利益,而是愿意为企业的利益着想,并以此行动,在日常的工作事务中,处处表现出为企业服务,为上司的根本利益着想,这种为他人服务的精神和态度也会成为一个员工在企业中对抗权力的资源，这样，在某种程度上，个人与组织权力融合在了一起。

正如阿尔弗雷德·阿德勒所说，无论在什么样的环境下，总可以找到平等的权力关系。无论是个人的能力，还是为企业带来业绩的客户资源，或者是个人的时间，勤奋以及忠诚，只要一个人的资源，对企业来说是稀缺的，是被需要的，那么这位员工的资源就可以形成他在企业内的社交权力，从而与企业组织或部门达成在某种业务环境中对等的权力关系，从而真正实现有效的向上管理。

【向上管理的合作关系】

在社交视角中，向上管理其实是普通员工"加入"或归属于企业或上司，以及让上司也能够理解并愿意"接纳"下属的社交行为，是他们两者之间的相互融合，他们在某一时刻，某一任务过程中的工作关系，事实上恰好形成一个合作关系，从而可以将两人的共同利益放在这个合作关系中，这成了向上管理的核心价值。

在向上管理的社交过程中，因为员工在向上管理过程中实现了上司或企业收益的根本目标，领导或上司并不会将下属这种向上管理的社交行为视为对自己的威胁，相反，上司会希望下属在"向上管理"的关系中，承担更多职责。这是种稳定也有效的上下级关系。在这种合作式的工作关系中，员工实现企业和上司的利益，而领导也能了解并满足员工的长期收益，形成一个非常积极而有效的合作。只有这样的互惠的合作关系，员工和领导才会保持长期有效的向上管理的动力和形式。

【向上管理的参考步骤】

作为一个员工，若要在企业组织中实现有效的向上管理，具体如何做呢？你可以参考以下几个步骤。

（1）评估你所具备的资源，比如个人的专业技能、个人能力、业务资源，个人的时间态度和忠诚。

（2）发现企业所需要的或缺少的资源。比如企业的领导管理者是一个强势的管理者，那么这个可能需要员工的忠诚。

（3）让个人资源成为企业和上司所需的资源。让企业领导者看到你的资源，了解你拥有的资源可以为企业带来的价值。一旦企业或上司需要你的某些资源，那么，你就有机会获得对抗组织权力的社交权力。

（4）用你的资源与企业或者令企业领导者的资源达成互惠的工作关系，并建立相应的信任关系。这是一种工作中的社交关系。一旦这种工作关系得以建立，个人资源就会形成你的工作权力，那么你就可以获得这一次工作社交关系中对等的权力。你的资源和权力不仅可以给你带来工作关系中的对等和向上管理的机会，还可以帮助你建立与上司之间的信任关系。

（5）为企业领导带来所需要的社交收益。包括企业经济上的收益，上司在企业中的地位的提升，同时，你也可以在这种具有一定对等关系的工作关系中，争取任务所需资源，以及个人的收益保障。

总而言之，在向上管理中，用你的资源和行动，让你的上司获得更多的成绩，并明确提出自己想获得的更大的回报。

【向上管理的行动建议】

要有效率地施行"向上管理"，下属最好做好一些个人准备：

（1）了解企业和上司。了解并关心企业或领导者的期望和需求。了解企业领导者或部门上司的性格和工作风格。

（2）服务心态。明确工作定位——你是企业领导者的服务者。在工作关系中，你是为企业和领导者服务的。这在工作关系中是一个明确的、固定的、不会改变的定位，除非你的工作岗位和职责发生了变化。在工作关系中，全力为企业或上司服务，避免形成自恋的情结。"服务心态"的一种表现方式就是积极反馈。积极分享你工作中的进展和信息，落实企业领导或上司所需的知情权。

（3）确保信息的对称。在工作关系中，尽可能让领导告知你企业的内部信息，企业或上司的需求，企业的或上司个人的发展方向。更多地了解企业的内部信息决策以及动向，可以帮助员工在工作关系中弱化企业对个人的行政权力的影响。

（4）提出工作权益。你需要非常清晰地想好你为什么进行"向上管理"，你的诉求是什么。这些诉求应该是可以放在台面上来探讨的。在工作关系中，在台面上，主动明白地表达工作（作为一种社交关系）所需的权力、责任以及收益。多大程度上争取自己想要的利益，取决于你期望多大的收益，当然，越大的收益往往不在眼前的短期行为中。向企业或领导者表达你对长期的巨大的收益的需要，是正常的也是向上管理的诉求。同时，一个成熟且有能力的上司会主动愿意满足或帮助下属实现他的个人权益，并协助员工实现长期利益。

【向上管理的误区】

"向上管理"的下属应该避免以下一些做法。

（1）向上管理，不是"操控上级"去达到你的目的。事实上这么做也很难成功，"下克上"面对的是组织资源从上而下的压制，想突破很难。而建立信任关系，有了信任关系，就可以与领导降低沟通成本，更容易获取支持与资源。

（2）向上管理不是让你向上对抗。如果认为领导是蠢货，大目标是个错误，你无法信任他们，那么比较适宜的办法是离开这个错误的环境而不是对抗。如果出于信念要去对抗，那就是另一条权谋的道路而不是向上管理。

（3）向上管理也不是为了捍卫自己或小团队的利益。出于维护或者只争取个人或部门利益的行为，会形成企业孤岛，并非是向上管理的目的。向上管理的人需要站在上司的平台上去观察和思考任务和资源分配，捍卫自己或小团队的利益，不符合领导或企业的总体利益，也就无法获得企业或上司的长期支持。

用责任构建自由

2001 年，安然公司因账务欺诈而破产，将近 1 000 亿美金的股东价值瞬间化为零，几千人失业，退休金泡汤。而那些会计师、律师、企业高管、内部审计人员，他们只在自己的工作职责范围内定义自己的职责，而不关心整个企业出现的问题，他们为自己的不作为辩护："这不是我的错，我只是在做自己的工作而已。"

对，每个人都认真履行了自己的职责，但是，企业破产了。

当人们害怕承担更多更大的责任时，就会把自己蜷缩在一个"小而完美"的行动范围内。"小而完美主义的反应可以在若干个基本互不相干的任务中获得成功，但是却摧毁了整个任务的全局性。"

【责任是什么？】

世界上有许多事情必须做，但你不一定喜欢做，这就是责任的含义。

"责任"一词中的"任"出自"壬"字。"壬"这个字，是担荷的担子的竖立形状，就是担子，行李。作为动词时，"壬"的本义是"挑担、荷、肩负"，引申为对某事扛起担子来——即职责，任务。

"责任"一词中的"责"，这个字在古代源自"責"（读 zhài），本义是"债款，债务"，就是今天的"债"字的意思。《左传·昭公二十年》中有"薄敛已责"；《汉书·淮阳宪王钦传》中有"博言负责数百万"。"责"作为动词，有"索取（财物）"的意思。比如，《说文》中就说"责，求也。"责偿，就是索取赔偿。责略，就是索求财物。

"责任"两个字联合起来，是指有债务的担子，索求负担负重。我们可以想象一个场景：有一个古人对另一个挑担子的人说，"我愿为你责任"——愿意为你挑担子，将担子拿来自己用肩膀扛，是不是就是我们今天说的"责任"这个抽象概念的具象。责任的原意就是向他人索求帮他人挑担子。

【责任的两面】

一位企业员工按照企业的规章制度和工作流程，认真地履行其职责，是一种负责任的态度。

而当两个部门的员工都按照部门流程办事时出现冲突，他们会相互认为对方在推诿，在推卸责任。这种认真履行企业规则和流程的工作方式，被认为是不负责任的行为。

为什么同样是履行企业的规章制度和办事流程，前一种行为被认为是负责任的，而后一种行为却被认为是不负责任的？

前一种情形中，员工表达"我来负责"，而后一种部门间推诿确实"你要负责"。"我来负责"与"你要负责"这两句话谈论的都是责任的问题，但是，我们知道这两句话中的"责任"反映的是责任的两个不同的侧面。

"我来负责"，是我主动愿意来担负某种任务。它主要体现了责任两个字中的"任"的内容，展示了一个人的价值。这是我们喜欢的责任面。

"你要负责"，是要求你对某一结果承担相应的惩罚。它要求你对责任中的"责"（"责"在古义中就是债务的意思）提供补偿，成为一个人的"债务"。这是我们想逃避的一面。

正因为责任具有价值和债务的两重性，使得人们对于责任相关的问题显得格外谨慎。那么，一个责任是给我带来了价值，还是给我增添了债务负担？对一个具体的个体来说，当面对一个责任时，他可能会思考如何将这个责任转化成对自身的价值，而不会让它成为自身的负债。

【拓展自由边界】

　　马克思在谈到责任时说："在他握有意志的完全自由去行动时，他才能对他的这些行为负完全责任。"他认为只有当一个人视责任为个人自由下的行为时，责任才能够真正地被履行。这就是说，责任与自由有关联。它们究竟有什么关联呢？

　　一个人最初的自由边界由一个人的生理能力决定，是一个人的"初始自由边界"。一个人的初始自由边界扩展了其"归属共同体"内其他人的自由边界，反过来，这个"归属共同体"的自由边界也将拓展了这个人的自由边界，两者不仅在物理空间上融合，也在文化精神的"同一性"上融合为一体。

　　一个人可以将在"归属共同体"内，却在个人的初始自由边界之外的事务，也视为自己的责任，这个人通过承担这样的责任，为他人提供协助，于是他拓展了自己的初始行动边界，从而获得了更广泛的自由边界。

　　如此，那些责任就自然成为这个人的内在需要和自由的一部分。通过社交关系，通过承担责任，拓展个人的自由边界，将他人或他人之事纳入我们的自由边界，我们也会被纳入他人的自由边界，通过履行责任，人们彼此加入，彼此融合，互相支持。当一个人每天都依此来生活，他就可以创建一个"归属共同体"，所谓的责任，也让他获得新的自由边界。

　　基于这种理解，责任表达了一个人的自由和行动的内容，也构成了他的自由边界。约束，规范或者惩罚的出现，就是你选择时面临自己的自由边界应该放置在何处的时候。在你的自由边界之上，会形成你愿意承担的责任，如果你不认同一些责任应由你履行，那么它们会在你的自由边界之外。在自由的边界内的行动都可以成为你的责任，它们由你自主地去设计，计划和完成。在你的自由边界内，你不会为那些责任是否履行而感到焦虑。

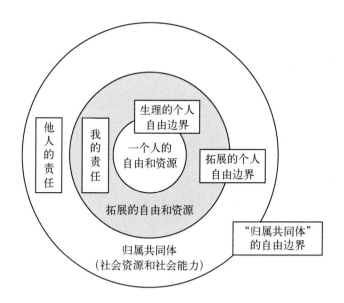

人们总是习惯地计算并追逐短期利益，当他们无法看到一项责任行为或一段社交关系的长期收益时，人们会习惯性地选择逃避眼前的责任。这是我们通向更大自由的困境。而那些愿意承担更多责任的人，渐渐地拓展了他们的自由边界。

【让责任成为你的自由】

事实上，当一个人乐于履行责任时，责任就会成为这个人自由的一部分。

如果在你的自由边界内，你不愿履行或者不愿承担某些责任，原则上没有人会强迫你去承担责任，所以，责任可以看成是你自主决定的行为。当一个人把一项责任视为是自己的自由一部分，那么履行责任或者承担责任就成为这个人内在的动力。

履行责任必然会需要付出一些代价。当一个人自认为这些代价不是他可以承担的，或者这些代价不应该由他个人来承担时，人们就可能逃避责任，并视之为在个人自由边界之外的事。

当一些责任在你的自由边界之外，你也将与他人形成某种较为疏远的关系。不履行或承担某些责任的行为，会被视为"异类"行为，非我同类，这样你的自由的边界也会因为没有他人的支持而受到压缩。

此外，逃避责任也可能是出自一种摆脱群体或者他人控制的目的。逃避责任的人通过保全自身的利益，或者让他人的利益受到损害的方式，宣告"我不再归属于你或你们了"。这样，他就自然会被排除在这个群体之外了。对一个孤立的个体来说，这其实是非常大的代价，除非他已经归属于其他更大利益的群体。这样，他以这种方式，宣告"我将加入你或你们这个群体，这是我的投名状"，从而使得他的自由边界得以保全，不受到损害。

在这样的"责任社交"的过程中，责任将成为自由的一部分，这样责任也会成为一个人的需要。当一个人愿意承担某项责任，那一定是他将这项责任视为自己的需要，这种需要会扩展他的自由能力和自由的边界。只有这样，也只有在此时，他才会自发自愿地去承担这项责任，认为自己责无旁贷，并表现出"勇敢"的品质。

培养责任感

如果一位丈夫认为家务事应当由女性承担时，即便他拖了客厅地板，给孩子换了尿布，他仍然不具备相应的责任感，他还可能认为这是对他自由的侵犯。

而具有责任感的人会主动为他人的需求考虑，主动地行动以支持或协助他人获得成功，而不会考虑自己在这样的行动中获得短期收益，相反他常常愿意给予更多。责任感驱使人们去做出对他人有贡献的事，且视之为一种应然之举，不以此居功。

当一个人能够将责任视为个人自由的一部分，责任感才会体现为个人的自由意志，而履行责任就不会被视为一种外部条件约束下的被迫行为。

【培养责任感的四个办法】

1）鼓励自己探索新的任务

你可以去尝试不在个人原有认知范围内的行为或任务，试着做之前未曾做过的或者不敢去尝试的事，从中发现自己的能力的限度。

对于孩子来说，父母可以在孩子能够独立完成的事情或游戏中，增加一点点难度，以提高孩子挑战新的高度的意愿，来拓展孩子自由行动的边界。

2）更多参与需要团队共同完成的任务

在团队任务中，引导人们理解任务如何被分解、如何被分配、如何被整合为最终的一个结果，理解他人在团队任务中做了什么，为团队贡献了什么；去感受自己和团队其他成员在合作过程中的感受、情绪和情感。让人们能够关注其他成员的需要，以及如何帮助其他人，如何请求获得他人的协助。

团队任务有助于人们将他人纳入自己的世界观中，去发现一个看似复杂的任务，一个人难以完成的任务是如何在团队分工协作中被完成的。让人们感受到并认知到，他人可以帮助我们达到一个人很难完成的目标，而自己也可以通过承担一定的任务来协助团队来达成目标。

3）参与更多的社交活动，增进个人与他人的情感

多与朋友交往，尝试与不熟悉的人交流，如果一开始觉得不安全，可以参与熟悉朋友的聚会，在其中与新认识的人交谈。情感是人们愿意履行责任的一个重要因素，熟悉的朋友之间更愿意提供帮助。

主动承担一些工作，甚至不是分内的事务，都可以让自己在社交活动中，展现自己的价值，为朋友们带来帮助，这同样也可以获得他人的关注和帮助。

4）获得他人的理解和支持，或者给予有责任感的人理解和支持

并非所有的主动履行责任的行为都会得到大家的认同或接纳，有时候人们会带着紧张、焦虑甚至是恐惧，去面对一个热心肠的人，因为这种主动承担责任，积极付出，关心他人的事情并不常见，人们不知道这背后的逻辑。

如果有人对你表达了不解，或者有时候会误解你，有的人还会嫉妒你，污蔑你。这些都可能给你带来困扰和痛苦。这时候，你需要有人理解你，支持你。把你的责任行为告知熟悉你的朋友或家人，他们的理解和支持会很好地使你积极面对那些误解、嫉妒或诽谤。

这时，如果你能够正面地与那些不理解进行沟通，如果获得了他们的认同，就再好不过了。如果没有能够很好地使大家正确地理解你，你仍然可以退一步回到你的朋友家人那里。如果没有受到实质性的伤害，希望你能够继续主动履行相应的责任，继续拓展你的自由的边界。

【改变社交框架， 履行责任】

罗杰·马丁认为，有三种方法可以改变人们对责任的态度，让人们从逃避责任的动机中，找回主动履行责任的意愿。

1）改变社交行为框架："看到他人， 加入他人"

在两种极端的责任中，过多承担责任或者逃避责任，都存在行动者（领导者或跟随者）与对方竞争的关系。

当人与人之间以竞争关系来互动时，人们就会"只看到自己"的价值和利益诉求，从而要求自己"只赢不输"。此时，人们内心的话是"我不能失败"。

不仅如此，在竞争中，人们很难相信其他人，所以，人们在竞争中会要求自己"保持控制"场面和行动，还要能够避免让自己陷入尴尬而在社交关系中落入下风。

在这样的竞争关系中，人与人之间是不信任的、非合作的，不关注自己和对方的真实的情感。最终的结果，要么是过多责任，要么是完全放弃责任。

而当人们在工作交互中，能够认识到责任可以拓展一个人的自由，让一个人获得更广阔的天地，此时，人们才会选择主动履行责任，并将履行责任视为自己的自由。这个过程，就是从"只看到自己"的价值和利益诉求，到改变为"看到他人，加入他人"的社交行为框架。

2）用"责任阶梯" 评估责任和能力匹配度

一个人如何避免过多承担责任或彻底逃避责任两个极端？

"责任阶梯"工具是一个不错的工具。我们用责任阶梯发现个体的能力现状，来实现个人能力与责任行动相匹配，确定可以承担的责任梯度。同样，也可以从责任阶梯中，发现自己面对责任的态度。

等级	责任角色	对 应 的 责 任 行 动	任务能力
1)	责任人	行动者承担全部责任或职责，他会"考虑各个选项并做出决定，然后通知对方"。	完全能力
2)	方案人	行动者不仅会主动提出自己的想法，并提出选择不同解决方法的建议。	获得认同
3)	建议人	行动者会"向对方提出几个想法"，并且自己不做决定，而是请对方做出选择。	提出想法
4)	思考人	行动者"向对方描述问题"，让对方分析并给予解决问题的建议和方法。	描述问题
5)	参与人	行动者会"请对方来解决问题"，但是会参与、观看和学习，以确保"在下一次可以自己解决"问题。	观察学习
6)	无责人	行动者会"把问题堆在对方的桌子上，摆出一副无助的样子"，完全无法履行职责。	完全无能

"责任阶梯"有6层，6个等级。在第1层"责任等级"，你是一个具备完全能力的责任人，可以独立承担全部责任或职责，会考虑各个选项并做出决定。而完全没有责任感的人，完全无法履行职责，他会"把问题堆在对方的桌子上，摆出一副无助的样子"，他处在第6层"责任等级"。

在以上两个端的责任等级中间，是2~5层的责任等级。你的责任感和执行任务的能力逐渐提高。比如，在第2层责任等级中，你不仅会主动提出自己的想法，并提出选择不同解决方法的建议。此时，你已经能够并愿意自己履行职责，但是还缺乏足够的信心，而需要有经验的他人给予支持。

在第3层等级，你自己不做决定，而是"向对方提出几个想法"，并且请对方做出选择。第4层责任等级，你承担责任的能力稍弱一些。你会"向对方描述问题"，让对方分析并给予解决问题的建议和方法。第5层责任等级的你会"请对方来解决问题"，但是会认真地观看和学习，以确保"在下一次可以自己解决"问题。

3）重新定义"角色"：领导者和追随者

罗杰·马丁认为，领导者和追随者或下属应当公开透明地界定双方的责任。双方通过对话划分责任，根据双方的能力来划分责任，并对责任进行讨论，让不同人表达不同的想法，而一旦出现失败事件，领导者将领导下属一起讨论问题。

在企业中，需要重新定义领导者和追随者的"角色"，最核心的内容是要重新界定他们之间如何运用权力。在企业中，新的领导者角色可以放下对权力的迷恋，认可追随者具有的能力和信任价值，在给予责任时给予真正的授权。领导者不单方面进行责任划分，追随者避免默认"失败"不是自己的责任。两个角色间进行公开、透明的对话，实现真正带有责任感的授权。

运用以上这三个工具之前，你需要有一个重大的世界观的提升，你需要认识到：履行责任可以开拓你的自由边界。而提升你的世界观，从内心改变自己看待和对待，并参与这个世界运作的方式和心态，可以让我们从一个旁观的逃避者，转为积极参与，承担并履行责任，并成为更具自由的人。

小群体与大社会

【中国式人情】

关于中国式人情的社交形态，形如中国人类学家费孝通先生提到的一个词——"差序格局"。

"差序格局"出自费孝通的《乡土中国》一书。在书中，他指出，相对于西方的团体格局（他打了个比方：西方社会以个人为本位，人与人之间的关系，好像是一捆柴，几根成一把，几把成一扎，几扎成一捆，条理清楚，成团体状），而中国人的人际关系是一种"差序格局"。

差序格局形成的人际关系是"以己为中心，像石子一般投入水中"，人际关系的亲疏和信任关系，由近及远，"像水的波纹一样，一圈圈推出去，愈推愈远，也愈推愈薄"，形成一个个以"自我"为中心的人际圈子，在差序格局的圈子中，关系上的亲疏代替法律，决定了人与人之间的内外之分。

这每一层圈子就是一个个小群体。在这样由"差序"构成的小圈层——小群体中，自己总是这种关系的中心，一切价值是以"己作为中心的"。有学者说，在中国人的价值观中，没有"他人的存在"。

站在任何一圈中，向内看都可以说是公；向外看就可以说是私。两者无清晰的界限。这就是说，在圈内的是自己人，是自己的事，自己的事就是公务；在圈外的是他人，是他人的私事，与我无关。所以，"我"需要关心圈内的事，而圈外的事不是"我"的事。

中国式人情支持"圈内优先"的处世原则。差序格局中的圈层群体，维护着人际关系的亲疏和互助关系，亲近的人或事比疏远的人或事更加重要。

根据对方与自己的关系，中国的道德和法律也可以有一定程度上的伸

163

缩。正因为在圈内和圈外具有不同的价值关系，法律在圈内和圈外的作用就有不同，圈内的关系和价值优先于圈外的法律规范，法律在圈内和圈外具有不同的解释和作用力量，即所谓"亲情大于道理，而道理大过法律"。

【小群体不同于大社会】

一个小群体，通过一个叫作"群体化"的社交过程来形成。

群体不同于社会，群体化也不同于社会化。"群体"和"社会"看似相似，实则却有不同社交诉求。为什么说群体的诉求不同于社会？

我们举一个例子。

比如，你是一个上海人，从上海的范畴来看，这是一个较为社会化的角色。如果你又是上海申花足球队的铁杆球迷，那就是一个群体化的角色。如果你在八万人体育场遇到对垒的上海上港队的球迷，那么，你大约不会注意到，你与对方都是上海人。你们之间的球迷角色对立，可能要大于同为上海人身份的认同感。而当你们同时面对其他省份的人时，上海人的身份可能就是你们之间的认同点。

"上海人"身份相比"球迷"角色的区别，就是一个"社会化"角色与一个"群体化"角色的区分。社会化社交的人群规模，远大于"群体化"中的人群规模。从这个例子中，你大约可以发现"社会化"和"群体化"的不同。

【社会化】

一个社会群体的规模越大，就越推崇牺牲精神，对个体的约束和要求也会越多。社会化的群体规模越大，涉及的社会规范和社会化的价值规范就越普遍，就越倾向于推崇牺牲和奉献等行为。

社会化会强调广泛的"利他精神"。社会化是一个人加入人数规模较大的群体的社交过程。在"社会化"过程中，个体会约束自己的利己行为，以符合社会的道德情感和文化伦理的价值观。如果个体期待加入这个社会的愿意越强烈，其支持和遵从该社会规范就越彻底。宗教信仰坚定的信徒，就会坚定地执行宗教团体的教规。

【群体化】

"群体化"是"社会化"的小范围社交过程，因为小，使得"小群体"区别于"大社会"。

群体化过程会首先考虑个体自身的利益是否会在小群体中得到满足。所以，小群体会更多追求满足具体成员的个体诉求。个体会考察小群体对个体的利益的满足能力，如果该群体无法满足个体的利益需求，这个个体就会选择离开这个群体，而"加入"其他群体。

如果一家培训机构无法满足我对上课时间的诉求，我就可能选择另一家可以满足我的诉求的机构。群体要吸引一个人加入，需要努力满足个体的需求。

人们在研究意大利黑手党和民国时期的青帮时，也发现了这些群体内部的互助和互利的现象，并且认为它们"内部的互利性肯定高于社会大系统"。

【群体利己性】

一个公司里，如果出现了独立的小团体，那么这个小团体会逐渐地侵蚀公司的利益。

一个班级里，如果有几个女生特别要好，那么这个闺蜜圈就会排斥班里的其他女生。

小群体总会以这种或那种方式，追求自己的利益，而不顾及大群体的利益。群体化的一个结果就是形成"群体利己性"，群体会表现为对自身利益的优先满足。

一个群体在其形成的过程中，会以群体的方式追求群体及成员的利益最大化，并以满足群体的利益为首要目标，从而体现出群体的利己特性。

比如，当公司两个部门员工发生冲突时，部门的领导会首先想到维护自己部门的利益。

同样，一家公司管理层或董事会的利益诉求，有别于基层员工的利益诉求。

"群体化"不愿意被过度"社会化"，它们追求保护小群体的特殊利益。越小的群体，就越可能发展出更加特有的群体情感和利益诉求，它们对外的行为也更多地表现为维护本群体和成员的利益，不利于其他人。

群体利己性，更容易降低人们对社会化的广泛的道德情感的约束和责任感。正如心理学家戴维·迈尔斯写道的那样，个体会模糊或忘却了自己的社会化身份，更加容易顺从群体规范，即被重新植入该群体的特殊情感并内化于个体。

【群体的"责任扩散"】

1967 年，200 多名俄克拉马大学的学生聚在一起，围观一个声称要从塔顶跳下来的同学，下面很多人起哄喊话"跳啊，跳啊"，最后那个学生真的跳了下去，当场身亡。

迈尔斯提到，这是因为在一个群体环境下，出现了群体的"责任扩散"的现象。

法国人勒庞指出"个人一旦成为群体的一员，他所作所为就不会再承担责任，这时每个人都会暴露出自己不受到约束的一面。群体追求和相信的从来不是什么真相和理性，而是盲从、残忍、偏执和狂热，只知道简单而极端的感情"。

鲁迅在《狂人日记》中也提到，当时中国社会中，人与人之间的漠然，竟到了有"人吃人"的怪相。

　　责任扩散，意味着人们对他人的利益行动的意愿下降了，卸去的责任使得人们的自由边界缩小。当社会责任被分摊到每一个成员，同时群体利己性又无法驱使人们承担责任时，群体中的每一个人都会弱化自己的责任，将自己龟缩在"公众信任边界"之内。

利己者的社交

利己者和利己行为最大的结果，就是我们看到的不平等交易，乃至社会不平等现象。

《21 世纪资本论》的作者法国人皮凯蒂指出，当代社会的财富正在以更快的速度向少数人集中，财富以每年高于正常资本收益 2%～3% 的比率不断地扩大贫富差距。来自资本的收益高于经济发展的增长率，使得财富向富人流向聚集。人类社会并未如我们理想中的那样，发展成为一个平等互助的社会，而是制造了不断扩大的不平等。

对利己者和利己行为有一种较为清晰的认识，是有必要的。

【利己者是如何养成的】

一个利己者是如何养成？这个问题的另一个问法，就是社交过程是如何培养出利己者的？

在社会性群体中，没有人愿意与一个利己者打交道。即便在小群体内部也是利他的。因为只有利他行为才能在群体内部形成的稳定的社交行为。

纯粹的个人利己行为，难以得到社会性群体的认同，偷盗抢劫、打架伤人等行为，都会受到社会的制裁和他人的排斥。

利己者必须面对来自群体的牺牲文化和利他道德的压力，而利己行为会遭受群体的谴责、排斥和惩罚。一个利己者就会询问：如何在利己的同时，又不会受到群体谴责，甚至使利己行为还能够"符合"社会道德情感的标准？这是利己者面临的社交困境。

在一个社交环境中，一个利己者期望追求社交的不平等，获得个人的额外的利己收益，就需要做三件事，经历三个阶段：

（1）遇到社交困境：选择利己还是利他；

（2）寻求支持者：加入一个群体组织，摆脱利己者困境；

（3）追求额外收益：在社交中，操纵社交过程，并从中获得社交溢价。

【遇到社交困境： 选择利己还是利他】

社交行为是倾向于利己还是利他，这是从社交中获得超出正常回报收益的第一步。

当利他动机优先于利己动机时，就可能在利益交换的过程中，趋向互惠平等，或利益分享，甚至给予他人更多的有形利益，与对方发展出信任关系，比如友谊。

当利己动机优先于利他动机时，就要求保持利益交换的对等，不允许自己得到的回报少于自己的付出，在长期关系中，又可能维护公平性，比如商业交易。

在对抗或竞争行为中，竞争双方都会倾向于优先放大利己的利益诉求，而不在乎是否损害他人的利益。11 世纪至 13 世纪期间的十字军东征，把财富掠夺行为美化为宗教圣战。在 15 世纪，欧洲殖民者在对美洲大陆的殖民中大肆屠杀印第安土著人，却以社会达尔文主义标榜杀戮的价值。

【寻找支持者： 加入一个群体或组织】

为了解决这个利己利他的悖论，摆脱利己者的困境，利己者需要实施第二步——找到自己的支持者。

为什么利己者也需要支持者？

人们总是容易相信他人，而不是质疑他人，这是心理学家称为的"真实假设"。在生活中，这种归属群体的从众屡见不鲜。人们本能地感到，与大家一同行动，与大众保持一致，总是对的。在大多数情形下，对于一个社会性个体，归属一个群体的所获利益总是大于个体自己能力所得。

利己者选择加入或者联合一个小群体，就有机会获得这个群体组织对他的利己行为的支持，在群体利己性的支持下，利己者就有机会施行自己的利己行为。

《乌合之众》的作者勒庞观察到，"孤立的个人很清楚，在孤身一人时，他不能焚烧宫殿或洗劫商店，即使受到这样做的诱惑，他也很容易抵制这种诱惑。但是在成为群体的一员时，他就会意识到人数赋予他的力量，这足以让他生出杀人劫掠的念头，并且会立刻屈从于这种诱惑"。

群体会给予个体任何有利于群体的支持，即便它不符合逻辑。

群体的利己性会被个体所利用，从而使得个体的利己行为被"正义化"。

中国古代阉党的利益只有体现为皇权的利益，才能"正义"地执行。在明天启朝，天启帝与魏忠贤的关系是皇权与利益集团相互利用的。魏忠贤上台后，曾颁布大力收工商税的政策，有记载说，天启帝的时候江南光茶税一项就有 20 万两进账。明熹宗在临死前曾对他的弟弟朱由检，即后来的崇祯皇帝，说魏忠贤是"恪谨忠贞，可计大事"。

为了得到群体的支持，一个人就会在那个群体内部表现得像一个利他者。利己者需要将自己的利己行为，在这个群体中，包装成对该群体有利的利他行为，至少利己者认为是有利于该群体的。虽然事实上，有时候很可能不需要事实上给该群体带来利益。

利己者让利己行为在群体中可能转身成为一种"利他行为"，利己者获得对利己行为的支持，甚至只是心理上的也行。

利用群体的利己性，个体把自己的利己行为"装饰成"一种利他行为，让利己行动得以获得正当性。利己者，通过加入一个群体，缓解了利己行为的不道德焦虑。尤其是，当利己行为损害的是对立的群体时，"利己优先"更会成为一个放大自身利益的行动策略。

【追求额外收益：利己优先策略，以操纵获得社交溢价】

利己者的第三步，就是在有小群体的支持下，操纵社交溢价，获得额外的收益。

当利己者获得了"群体"对其利己行为的背书后，他就会倾向于优先满足自己的利己诉求。虽然他也要付出一部分或者全部收益，回报小群体对他的支持，但是，这种回报是可以接受的。利己行为会增加其所在群体的群体收益，这是利己性得到利他支持的原因。

一旦利己者选择了"利己优先"策略，那么在与他人的其他社交行为中，个体就会寻求不对等的社交权力，获得社交的额外的收益，这就是"社交溢价"。

利己者会利用四种具体操纵策略，从社交行为中，来获得额外的社交溢价，达成利己诉求。

（1）在社交行为过程中，添加额外的资源及其价值。

（2）通过利他行为来"伪饰信任"。

（3）炮制虚假信任信息。

（4）利用优势资源形成的权力。

在以利己为核心动机的社交行为中，个体在获得一个"利己性"群体的支持的情形下，在"社交溢价"中获得超出正常社交回报的实际收益，最终让自己成为一个能够"受到尊重"的利己者。

【利己者的避风港】

群体使得群体中的个体会更加强烈地呈现出对内利他、对外利己的特征。

相比大社会，人们更容易，也更愿意与身边的小群体，保持更加紧密的联系。

利己者"在成为群体的一员时，他就会意识到人数赋予他的力量"，一个人与其说是"意识到"力量，不如说是"被群体鼓舞，被要求，被吸引"，并感受到群体给自己利己诉求带来的认同。群体的利己性吸引了个体，使之更容易放弃更广泛的情感道德和社会共识。

利己者"一旦获得群体这个后盾，他就仿佛被灌注了神通，摆脱了自己卑微无能的感觉"。个体与群体形成"共生"现象。群体的利己性也向个人提供对利己性的"道德"保护。

"群体化"为违背牺牲精神的利己动机和行为提供了心理"避风港"。一个群体的利己行为，可能就是对另一个群体的侵害，但是，群体的利己性又"合理化"了个体的利己动机。

暴力与社交

暴力中的社交

人的行为都有目的，当行为发生在两人之间时，那么行为的双方一定希望通过对方实现自己的目的。暴力行为也是如此，当暴力发生时，暴力一方正在通过对方实现自己的目的。

社会学和心理学的研究发现，暴力和攻击行为的发生，是通过社交过程来完成的。战争、抢劫、强奸、黑社会冲突、打架斗殴、家暴，这些不同类型的暴力中，都发生着各种样式的社交互动。

这些暴力行为都发生在社交行为发生的一条逻辑线索上：利用资源，动用权力。我们结合美国社会学家兰德尔·柯林斯的有关社会性冲突和暴力行为的研究成果，来解剖暴力行为的社交逻辑。

【决斗中的社交】

在古希腊的史诗《伊利亚特》中，描述了特洛伊战争中的一次决斗。

当时，希腊与特洛伊之间正在发生战争。希腊军队的墨涅拉俄斯提议要与特洛伊王子帕里斯进行对决。经过协商，双方同意，赢得决斗的人就赢得海伦，然后双方退兵，战争就此结束；同时，两边的军队也要发誓，今后友好相处。随后，特洛伊国王普里阿莫斯，为决斗举行了祭祀仪式，祈求神来保证誓言和决斗的公正。这场决斗，作为一种暴力，却是由一系列的文明的沟通和仪式来规定的。

其实，无论是在西方中世纪，还是日本，都有决斗文化。参加决斗的人，通常都需要履行一系列的仪式，仪式需要决斗双方进行事先沟通，确定下来。比如，约定决斗的时间、地点，决斗时可以使用的武器装备。在决斗开始之前，双方必须穿戴整齐，双方会交换名片或者名号，并告知助手或仆人如何处理决斗后的事宜，决斗前要进行演讲，阐述通过决斗要解决的问题。

决斗有可能是家族私仇，也可能是两人之间的恩怨。俄国著名的诗人普希金在这样的决斗中身亡。正因为这一系列的仪式和规范，使得决斗仪式成为精英的身份标识，而平民是没有资格参与决斗的。

决斗仪式演化到今天，就是当代的体育竞技。体育竞技中的"决斗"，是由一系列事先规定好的规则来确定的，"竞技决斗"的过程也受控于规则和裁判的判罚。

【打架中的社交】

兰德尔·柯林斯研究发现，街头的打架斗殴（打斗）的发生前后存在两个有趣而又影响攻击发生的社交现象。

第一个现象是打斗发生之前会出现"挑衅和阻止挑衅"的互动过程。

打斗者仅仅摆出挑衅姿态并不够，必须存在一种情绪上的互动。如果一方以某种理由或姿态，退出冲突，或者放弃继续挑衅，打斗就不会发生。兰德尔·柯林斯认为，"打斗只会发生在双方都同意的情况下，一方必须看到对方的挑衅，并以合适的方式作出回应。"

打斗不是单纯的攻击，而是冲突情境下的社交互动。即便打斗具有攻击意图，但是有效的攻击，也必须是在互动下才会变得激烈和彻底。

在大多数斗殴的事件中，双方虚张声势，目的是阻止对方继续挑衅。"挑起打斗是为了赢得尊重和吓阻他人。"挑衅者会吹嘘自己的失败和身体上的伤痕，在西方中上阶层中，决斗的目的并不是在于胜利，而是在于由对手的剑造成的令人肃然起敬的伤疤。

可见，打斗者会试图在打架斗殴发生前的社交互动中，获得期望的结果，而尝试避免真正的暴力斗殴。多数情况下，斗殴只发生在口头和姿态上。

打斗中的第二个社交现象是对打斗的"事后叙事"。

社交一直是这种打架斗殴行为的主要内容。兰德尔·柯林斯说道，"谈论打斗是派对本身的核心特点"。他指出，"这是一种戈夫曼式的舞台，设定其目的在于表演和伪装。"

在所有的暴力团伙中，"有些人特别具有攻击性，有些人跟随他们起哄，其他人则只存在于背景中。"其中的观察者是那些处在起哄或背景中的人，"他们是打斗故事中兴致盎然的观众，也正是他们将团队的文化资本流传出去，传颂着领袖人物赫赫声名，为团队塑造出离经叛道的精神气质。"

这些人可能不直接参与暴力攻击，却是暴力攻击得以发生的精神驱动力。"打斗叙事是团体中的重要仪式，偶尔发生的打斗，有助于为叙事仪式提供资料"。正是因为这些"事后叙事"的社交行为，才使得打斗攻击者获得了攻击的"正当"理由——获得群体的尊重和对攻击行为的传颂。

【暴力社交的仪式感】

团体性的暴力常常发生在公共空间，暴力及其社交的舞台化叙事，常常给暴力者制造一种仪式感的想象。

在街头暴力冲突和黑社会组织的帮派冲突中，暴力前的仪式非常重要。一名街头混混想入帮派，需要与该帮派中的一名成员对打。在街头的暴力冲突之前，冲突双方常常会通过一系列的口头言辞和肢体的姿态，来虚张声势，不断提升自己的暴力姿态，试图压制住对方。

因为这种仪式感，暴力者使自己在这个群体中不至于显得那么自私和利己，从而克服利己者困境。在摆脱利己者困境后，攻击者就有更多的理由，更大的力量，来克服冲突性紧张与恐惧，从而进入攻击行为。

攻击者常常因为两种暴力仪式感中的一种途径被激发出暴力行为。一个途径是制造出"炽热的情绪",表现为情绪暴力;第二个途径是构建出"冷酷的理智",表现为冷暴力。

【情绪暴力,加入或凝聚暴力群体】

情绪暴力在所属群体的情绪空间内滋生,攻击者在支持者的热情中或者拿到某种致命的武器时,激发起情绪化冲动。此时,暴力群体的注意力都集中在这个特定的情绪上,从而统一了攻击者和支持者的"认知",如给暴力群体带来的归属感,攻击者由于"群体介入"特性而得到暴力的情绪能量。

情绪暴力的攻击者在周围的支持者的注视下,陷入"英雄"般的兴奋和群体仪式,在这种情绪支持下,建立起强大归属或者领袖式的心理地位。

情绪暴力常常是骚动的、亢奋的、群体化的,是典型的外显式的舞台仪式,攻击者追求与所属群体进行激烈地互动。

【冷暴力,冷酷的理智】

冷暴力在形式上与情绪暴力正好相反。冷暴力的攻击者可能鄙视情绪暴力的冲动和缺乏理智。但是,冷暴力与情绪暴力在社交的仪式感上,同样追求"英雄"般的归属感。

家庭冲突中的冷暴力有一种常见形式,就是拒绝——拒绝对话,拒绝接触,从心理上攻击对方的软弱之处。一些冷暴力者还会精心选择讽刺、羞辱的言语和冷漠的情绪,打击对方的弱点,引发对方的情绪化失控,从而将责任归于对方的不理智。

冷暴力的一系列行为,看似更加具有明显的个人行为。比如,狙击手是一个典型的冷暴力攻击者,他们让自己的注意力完全集中在暴力行为的技术细节上——比如对枪支的使用,对周边环境或人的观察和利用,对暴力程序的细节把控，并将自己视为暴力技术的一部分。

冷暴力者常常隐匿自己的行为，尽可能避免正面冲突，寻找受害者的弱点，控制和驯服受害者，追求如何发挥暴力资源的最大威力，包括释放他们自己的能力极限。在对受害人的心理摧残方面，冷暴力比情绪暴力有过之而无不及。

冷暴力是一种通过精心学习和训练而习得的暴力行为模式，在冷暴力模式中，冷暴力攻击者会进入想象中的智力或技术崇拜。

冷暴力的这种技术崇拜的暴力仪式，与情绪暴力下的群体崇拜的暴力仪式，都达到了同样的效果，为攻击者带来暴力行为的正当性，让自己的暴力行为符合社交要求的对所归属群体的"牺牲"和"利他"。

煤气灯陷阱

暴力行为不仅仅可以伤害受害者的身体，更多时候，暴力还会损害他们的精神和心理健康。

当一个人在对自身进行判断和认知时，总是要寻求他人的认可，他就会有可能陷入"煤气灯陷阱"。

在煤气灯陷阱中，一个人对自己或者现实的认知会被"煤气灯操纵者"操纵，从而使得自己的认知被扭曲，不再信任自己，而完全臣服于"煤气灯操纵者"的意志。这就是心理学上的"煤气灯效应"。"煤气灯效应"向我们展示了暴力如何对人的精神世界产生伤害。

【煤气灯下】

"煤气灯效应"来自英格丽·褒曼主演的电影《煤气灯下》。女主角继承了姨妈的巨额财产，男主角为了独霸女主角的财产，开始对女主角进行一系列的心理操控。男主角把胸针送给女主角，然后又从女主角包里偷出来，放到别的地方，男主角借此说是女主角的记忆力出现了问题。

此外，男主角还故意将家中的煤气灯调得忽明忽暗。当女主角对灯光表现出疑惑时，男主坚定地否认这一事实，告诉她那是幻觉。随着一系列操纵事件，女主角开始怀疑自己看到的、听到的是否真实，直到不再相信自己感受的和自己认知的客观状况。

煤气灯陷阱中，受害者将煤气灯操纵者视为唯一可信赖的认知来源。"煤气灯下"的心理操纵被定义为一种心理暴力，它造成了受害者严重的心理创伤和精神问题。

心理学家认为，暴力的形成是一个社交互动的结果。暴力是一种习得性的社交行为的后果，它依赖于"攻击者习得虐待的技巧，受害者习得受害者的角色"或者"至少未能习得如何阻止暴力"。尤其在长期的施暴行为中，受害者的行为和受害者的角色"鼓励了攻击者发展他的（暴力社交的）技巧"。暴力社交互动模式，是双方共同完成的。

【暴力发生的互动模式】

当一个人在一段关系中自己对世界的看法只能通过其他有限的个体获得时，他/她就必须要警惕，自己很可能会陷入"煤气灯陷阱"。

在大学毕业后，詹妮和丈夫拉尔夫结婚，婚后的第一年，拉尔夫开始对詹妮不满，并在公众场合侮辱她的智商不够。当有朋友来访时，他也会批评她的行为举止。在这些情况下，詹妮从不反抗丈夫，她接受他的批评，并愿意应丈夫的要求而改变自己的行为来取悦他。

在婚后第二年，丈夫对詹妮的口头攻击愈发严重，而詹妮再次选择退缩。拉尔夫对詹妮的口头攻击越来越频繁，并最终发展为对詹妮的身体进行攻击。

拉尔夫在对詹妮的口头和身体攻击的演化过程中，"发展出了冲突的技术，能够利用自身手头资源去控制对方"，这既包括实施暴力的技术，习得如何使用暴力权力，对受害人进行反复打压，操控受害者心理，直至对方完全放弃抵抗。而受害者则习得了如何与攻击者相处，并不自觉地鼓励攻击者持续这种攻击行为。

在家庭暴力中，这种暴力行为会演化成为一种"制度化的游戏和仪式"，并且"由攻击者来设定整个韵律节奏"。"那些反复出现的行为得以固化"，所以，暴力互动的社交模式是暴力逐步累积的关键点。

【"至暗善意"】

为什么人们会不自觉地陷入"煤气灯陷阱"呢？

因为受害者或多或少曾经有一段与暴力者的"美好的时光"。

任何一种暴力在发生之前，暴力者总是会表现得充满爱心，具有吸引力。在公众环境中，暴力者在大多数时间里表现得非常理智、友好、克制，且富有智慧，受人欢迎。两性伴侣相识初期，他们常常考虑周到，做事仔细，关心对方，给予美好的承诺。伴侣所能感受到暴力者的"善意"，这是受害者口中提到的暴力行为发生前的"美好的时光"。暴力者积极的行动、美好的形象、细致的关怀，当然，也包括谎言、借口和承诺，兰迪·班克罗夫特称之为"至暗善意"，它是形成暴力形成的互动社交的一部分。

暴力受害者往往不知道对方的暴力行为为什么会发生。之前的"美好的时光"让受害者认为，一定是有某种因素或刺激，导致了对方暴力行为的发生。但是，施暴者却不是这样想，他们会努力把自己的暴力行为归罪于之前的伴侣，把对方描述成一个暴力者。而事实上，他所描述的多半是他自己的行为。

【暴力者的愤怒】

部分施暴者会声称，因为早年的被虐待经历，现在的伴侣提出类似的要求，让他再次受到伤害，感到愤怒，所以他才会有这样的暴力反应。

他们的逻辑是因为被激怒，所以要施暴。如果一个人自身的愤怒，都需要他人受到伤害来相抵的话，那么，天下的暴力行为永不会绝了。但是，事实上，大多数愤怒并不会导致暴力行为。

愤怒和暴力是两个不同的行为。愤怒不是暴力行为的直接因素，暴力是一种报复行为，是掌控对方的一种方式。

暴力者会虚构各种理由和借口，为自己的暴力行为找原因。正如一个酗酒的人，总是把一次次的酗酒归罪于"今天工作压力太大"，或者"上司对他不公正的对待，让他感到沮丧"等，所有这些理由，都是为了不让他人了解酗酒者的真实需要。

因为他们希望受害人或者其他人都相信，是这些理由和因素造成了他的暴力行为，而不是出于他本人的主观选择。但是，兰迪的研究发现，暴力者"是很善变的，他们说谎时从不慌张"。他们总是会从暴力互动的社交模式中获得利益。

【从暴力中的收益】

正如《煤气灯下》的男主角想要获得女主角的财产，暴力者常常可以从暴力行为中获得收益和好处，这鼓励了他的暴力行为。

暴力者试图在社交关系中掌控社交互动的主动权和控制权，并在社交关系中获得支配地位。通过掌控社交互动，来达到操纵和使唤对方达成自己的目的，获得支配他人的满足感。比如在职场中，你可以看到强势领导——他们在私下里常常反馈说他们内心很害怕别人看到他们的软弱，而装出特别强势的姿态。家庭中的强势妻子或丈夫也是内心软弱的表现。

在社交关系中，暴力者会获得优先特权，确保自己的事务和目标优先完成，或者免于花费额外的精力和成本来协助其他人。他们有意图获得低成本的资源。通过暴力或者其他权力，暴力者可以不对等地掠夺受害者的资源，或者随意支配对方来为自己服务。我们看到，暴力型的丈夫会要求妻子做家庭妇女，又给妻子设立许多行动禁区。

甄别生活中的暴力行为

请不要以为自己非常了解暴力和暴力者，日常的暴力行为常常发生在不经意的冲突中。

争吵是日常生活中常常发生的事件，下面是一个心理咨询的案例。

【猜猜： 谁是施暴者?】

A：你到底怎么了？我不明白你为什么不高兴。

B：我没有不高兴，我只是现在不想说话。你就不能让我安静一会儿吗？不是每个人都像你这样，总喜欢说不个停的。

A：我没有说个不停啊，你这么说是什么意思？我只想知道你的烦恼是什么。

B：我刚刚告诉你了，没有什么事情烦到我……你别说了，让我消停一会儿，在和你的哥哥嫂子吃饭的时候，我不知道你怎么会没完没了地说起你那愚蠢的新闻课程。你已经40岁了，看在老天爷的份上，这个世界对你想要成名的梦想不感兴趣，你就不能成熟点吗？

A：想要成名的梦想？我想要的是一份工作，因为旅行的工作需要到城里去。我也没有再没完没了地说。他们感兴趣，问了我很多问题——所以我才就这个话题聊了一会儿。

B：哦，好吧，他们真的很感兴趣。他们那只是对你表示礼貌，因为你完全沉浸在自我当中，你还真是天真，看不出他们是在敷衍你吗？

A：我可不这么认为。再说那顿饭已经是两周前的事情了，你这段时间一直在想这件事情？

B：我没有想，是你在想。你喜欢让我们摸不着头脑。我现在对这些破事真的没有兴趣。

A：对什么破事有兴趣？我什么也没做！我一到这里，你就对我说这些！

B：你居然冲我吼。你知道我讨厌别人冲我吼。你应该去寻求帮助，你的情绪失控了。我们先分开一会儿吧。

A：你去哪儿？

B：我走着回家，谢谢。你来开车吧，我想自己待一会儿。

A：你走回家要半个多小时呢，今天外面很冷。

B：哦，你怎么突然这么关心我？随你吧，再见。（走开了）

这次争吵的两个人，谁是受害者，谁是施暴者？

【争吵分析】

上面的争吵案例中，A 是受害者，B 是施暴者。你有没有猜对？

在冲突发生时，受害者常常不知道发生了什么，而施暴者则具有明确的目标和收益要求。所以，我们看到受害者 A 会问施暴者 B，"你到底怎么了？我不明白你为什么不高兴。"

如果一个人确实是不高兴了，通常的做法是承认自己的这种情绪，并与对方探讨自己的情绪及其产生的刺激因素。但是，一个施暴者不会承认自己存在情绪问题，如果他承认自己确实是不高兴了，这场谈话的焦点就会落在他/她自己的身上，这是施暴者最不愿看到的局面。

所以，施暴者会立刻否认"我没有不高兴"。施暴者会极力否认对自己不利，或者将自己推向不利局面的事物。比如，在这里，施暴者否认自己有愤怒的情绪，通过回避自己情绪的问题，避免让对方探究自己的真实想法。

"我只是现在不想说话"——对自己的不利局面，施暴者会尝试辩解，并习惯性地转换话题。在向受害者提出要求和命令，回避自己的问题的同时，转向对受害者的攻击——"你就不能让我安静一会儿吗？"或者"你别说了，让我消停一会儿。"如果有可能，就将焦点转移到受害者身上——
"不是每个人都像你这样，总喜欢说不停的"，转向羞辱对方，持续地攻击对方，通过扭曲事实，来让对方陷入无能或无助，或者自我否定的境地。施暴者使用绝对化的字眼，比如这里的"总"字，旨在全面否定对方表达的权利。

当受害者面临一连串的攻击，会本能地进行自我防御——"我没有说个不停啊"，从而，被施暴者混淆了事件的焦点——"你这么说是什么意思？"，当受害者弄不明白施暴者的真实意图——"我只想知道你的烦恼是什么"，受害者面临的只是被否定、被打击的境况。

在与施暴者交往的过程中，受害者常常是处在被动反应的一方。他们试图通过解释来回应施暴者的指责和攻击。比如，"想要成名的梦想？我想要的是一份工作，因为旅行的工作需要到城里去。我也没有在没完没了地说。他们感兴趣，问了我很多问题——所以我才就这个话题聊了一会儿。"

当受害者闭嘴后，施暴者反而会继续攻击——"我不知道你怎么会没完没了地说起你那愚蠢的新闻课程"，日常生活中的施暴者最擅长的就是注意力转移，将注意力转移到受害者的错误、不足或缺陷上。在没有掌握有效的社交资源和控制权时，施暴者会不断地通过这种暴力社交模式，会继续向受害者索取资源，将注意力焦点控制在受害者的头上。

暴力者还经常使用的一招，就是"讽刺，挖苦"——"他们真的很感兴趣"。当施暴者无法获得逻辑支持时，他们就会用讽刺挖苦来刺激受害人，让受害者进行自我反思。这样，受害者不得不进行进一步的解释，提供进一步的信息，以证明自己并非如对方所述的那样。

扭曲事件经过是施暴者的另一个绝招，比如"他们那只是对你表示礼貌"，这句话意图混淆受害者的记忆和认知真相，并弱化受害者的资源支持。

施暴者的另一个特点，是施暴者总是跳跃的，有意混淆逻辑。比如，"你已经40岁了，看在老天爷的份上，这个世界对你想要成名的梦想不感兴趣，你就不能成熟点吗？"施暴者的言行常常没有因果关联，但是，却使用因果链来混淆对方的思维，其真实的目的就是贬低和羞辱对方，使得自己在与受害者的社交过程中，获得地位和控制权。

当受害者展现出独立思考的能力，试图或接近摆脱施暴者的控制时，比如，"我可不这么认为。再说那顿饭已经是两周前的事情了，你这段时间一直在想这件事情？"当受害者可以直接面对冲突点时，就可以从发现真相中获得社交的力量。

当然，施暴者是不能容忍这种情况发生或者持续下去的，如果逻辑推理让施暴者陷入困境，或者正在失去对受害者的控制，他/她就会毫无逻辑地转向其他内容，会立刻进行攻击。比如，他/她会立刻否定受害者指出的冲突点。扭曲事实，混淆对方记忆，将矛头重新指向受害者——"我没有想，是你在想。你喜欢让我们摸不着头脑。"施暴者会尽可能摆脱或回避让自己成为冲突的焦点。贬低对方关心的事是"破事"，在情感上否定对方，回避这些真正需要关心的内容。施暴者会再次转移谈话的逻辑，混淆事情性质，贬低对方，暗示对方缺乏思考，显得无能。

施暴者对受害者的情绪刺激和跳跃的毫无逻辑的话语，会促使受害者陷入混乱或负面的情绪，失去理性思考的逻辑——"对什么破事有兴趣？我什么也没做！我一到这里，你就对我说这些！"

当受害者情绪化，此时便是施暴者最好的机会。面对受害者的"错误"——愤怒或生气等，施暴者可以回避真正需要关心的内容；反而可以攻击对方的道德或情感的缺失——"你居然冲我吼"。同时，施暴者开始设立自己的标准——"你知道我讨厌别人冲我吼"，施暴者常常用自己的标准来要求对方，他们会定义自己的标准，甚至可以不顾事实，用谎言或扭曲的"事实"，要求或命令他人服从。"你应该去寻求帮助，你的情绪失控了"，受害者的情绪化成了受害者的罪证。

一旦施暴者获得互动优势地位，比如掌握对方的一个"错误"，施暴者就会惩罚对方——"我们先分开一会儿吧"，而不是关心和帮助对方平复情绪，纠正错误。在施暴者的眼里，对方的错误是一个天赐的把柄，是让对方臣服在"正确"之下的力量，施暴者会利用这个道德的或情感的，或者法律的，"正义"的力量，来名正言顺地惩罚对方。此时，受害者在心理上就像一个犯了错误，被老师抓住的小学生，将没有心理力量来进行反抗或防御。

受害者常常没有意识到自己已经被"攻击"了，他们的反应是没有目的的——"你去哪儿?"因为在大多数日常的争吵和冲突中，施暴者对受害者的惩罚常常是心理上的"软暴力"。因为错误被攻击，使得受害者在心理上是被动的，将惩罚视为自己应承担的结果，而忽视了这是施暴者的暴力攻击。

"我走着回家，谢谢。你来开车吧，我想自己待一会儿。"施暴者经常会扮演"受害人"角色，让对方感到有负罪感。受害者陷入"负罪感"的心理，完全不知道自己的处境，反而安慰对方——"你走回家要半个多小时呢，今天外面很冷。"

"你怎么突然这么关心我?"——施暴者展示的"受害人"假象，要求他人的同情，忽略来自他们的惩罚。施暴者发现自己终于在一次冲突中，获得了社交的控制力，所以，他/她心满意足地说"随你吧，再见。"然后，径直走开了，完全把对方丢在混乱和负罪感中。最后的一招，也显示出了施暴者的施暴行为，从根本上是源自施暴者内在的"无情"，因为他们只关注自己的得失，而不在乎对方是否受到伤害。

【有意为之的暴力】

在社交关系，施暴者会尽力获得较多的个人资源，追求权力，并从控制和支配对方的社交关系中，获得其在别处的社交关系中无法获得的心理满足与物质和环境保障等好处。

在日常的争吵冲突中，某一方即便有错，也常常并不会造成巨大的损失，或真正地伤害对方，而施暴者会放大受害者的过失，如果双方针对这些具体的事务进行探讨，会让事情变得更加清晰，但是，施暴者却需要利用这样的过程，发起暴力活动的社交，将对方陷于"不义"的位置，从中获得交往的控制权。暴力行为常常是暴力者的有意为之的结果，双方的关系紧张和真正的冲突是暴力者控制对方的工具和手段。

【只关注自己的需要】

在整个案件的对话中，施暴者都没有表达出对对方的真正的关心，施暴者只关心自己的感受，根本不关心对方的想法和需要，施暴者从头到尾没有认真探索过对方需要什么，不关心对方是怎么想的，为什么想考虑"新闻课程"和后续的工作安排。这些具体的事务都不在施暴者的情感和思考范围之中。施暴者关心的是反对对方学习"新闻课程"，并打击对方的自信心，阻止对方继续探讨"新闻课程"和发展自己的能力。

在整个争论过程中，"施虐者会对对方的观点置若罔闻"，也不关心对方的诉求。施暴者以某些事务和行为指责对方，回避真正需要关心的内容和事务，不深入探讨对方的需要和事情，只是一味地评价和指责、否定和羞辱。这些都不是理性的沟通方式，施暴者并非不知道理性讨论可以真正找到问题的原因，但是，他却不会与对方理性沟通，就是让对方也不能认真思考当前发生的事和冲突的真正原因，因为如果认真思考这些事务和行为，施暴者就不得不面对自己这些试图控制和支配对方的动机会暴露的可能。

【"定义现实"】

施暴者通过一系列的言行，否定、扭曲，是为了最终重新"定义现实"，让这个"现实"为混淆和控制对方而出现，让对方难受、自责、失去自信、听命于自己。

在以上这个争论的过程中，施暴者通过一系列言行来掌握对话的控制权，让自己处在对话的主动位置，而受害者一直被动应对，完全不知道施暴者的真实意图，只得到一系列的否定和贬低。如果施暴者感到会失去对话的控制权，就会转移话题，或者对对方进行人身攻击，让对方糊涂，让对方因情绪化而失控。

施暴者会用一系列的回避、否定、贬低、羞辱、夸大事实、混淆事件、打击信心、扮演弱者等言语，以及言语形式中带有笼统性的、负面的评价，来攻击对方的行动能力和智力，并要求对方遵从自己定义的标准，追求让对方服从和听命于自己，达到控制对方的目的，最终让对方为自己服务，为自己的目标服务。在一系列攻击对方的言行后，施暴者还制造自己是"受害者"的假象，在道德上打击对方，要求获得他人对自己的同情，并忽略或原谅其过激反应。

【暴力者是多变的】

在这个案例中，可以发现，暴力者是多变的，会使用多重暴力行为。施暴者扮演了多种角色：是"永远正确者"，也是尖刻的"冷暴力者"，是放大小事的"敏感者"，是脆弱的"受害人"。

通过这一系列变换的角色，暴力者试图定义他人的行为，打击对方的信心，要求对方放弃关注自己，而来关注其情感和需要；暴力者扮演的"我是受害人"角色，还会获得文化和道德权力，从而进一步控制对方的思想。

社交中的弱者和攻击者

权力总是支配社交关系中的弱者一方，弱者在社交中是缺失资源的一方。暴力常常是对失去资源支持的弱者的攻击。

一个失去资源支持的人会感到恐惧，因为发生了三方面状况：一是他面临某种危险情境，二是他企图摆脱而又缺乏相应的资源，三是他感到自己无能为力无法摆脱危险情境。

在我们的日常生活和工作中，也有感到无力反抗或反抗无效的时候，当老板责骂你工作不力的时候，或者当一个孩子犯错被父母训斥时，也常常会发现反抗无效。我们很难站在对方的角度来看待这种"无力感"，只有当我们身处其中时，那种难以挣脱的恐惧才会冲击我们的心灵。

【恐惧可以被人为制造出来】

在 1920 年，心理学家做了一个著名但也极富争议的心理学实验——小艾伯特恐惧实验。实验人员想从中发现恐惧是如何产生的，又可以如何被消除。

当时的小艾伯特只有 9 个月大，她的妈妈是一间诊所的奶妈，也没有什么文化，当她了解到参与实验可以获得实验费用，她就同意了。当时，大家都对这个实验的后果是什么，没有充分的认识。

实验的第一阶段，实验人员给小艾伯特一些实验用具，包括报纸，棉絮，面具，还有一些小动物，比如小白鼠和兔子等。9 个月大的小艾伯特和其他的孩子一样，对各种事物充满了好奇，他玩弄物品，还抚摸小白鼠，没有任何恐惧害怕的表情，实际上他非常高兴与小白鼠一起玩耍。在第一阶段没有发生任何的人为事件，小艾伯特就这样幸福地过了两个月，恐惧对他来说还是个未知的事物。

在他 11 个月大的时候，实验进入了第二个阶段。实验人员准备了一根三英尺长的铁棒，当敲击它的时候，会发出巨大的响声。在第二阶段的实验中，每当小白鼠一接近小艾伯特，实验人员就敲响那根铁棒，发出巨大的响声。巨大的响声惊吓到了小艾伯特，但起初他并没有表现出恐惧的神情。随着实验的反复进行，每当小白鼠一接近小艾伯特，就会出现巨大的声响，即便在之后实验人员不再敲击铁棒时，小艾伯特一见到小白鼠靠近自己，仍然会害怕地大声哭泣。对于一个 11 个月大的孩子来说，他根本无法逃离这个让他恐惧的现场，也无法摆脱小白鼠接近他时带来的令他惊恐的声响。

实验人员发现人类的情绪也符合巴普洛夫条件反射实验的结论：恐惧是可以被人为制造出来的。

【剥夺资源，制造"弱者"形象】

公元前 46 年，在恺撒争夺罗马控制权的内战后，他的手下杀死了全部投降的俘虏。1649 年，克伦威尔的议会军对保皇党的战役中，屠杀了全部投降的士兵和城里的 4 000 名平民。长平之战中，秦军斩杀了 40 万赵国的士兵。

兰德尔研究指出，战争中获胜的一方总是试图杀掉所有投降的手无寸铁的敌方士兵。为什么这类大屠杀的暴行会发生？一个重要的原因，是这些战俘和平民无法对屠杀者构成同等的威胁。

攻击者最爱选择软弱的受害者，并进一步寻求让受害者变得更加弱小。

暴力者至少有两种方法来剥夺受害者的资源让受害者变得弱小。

1) 隔离受害者

使受害者处在"弱者"的处境中，首先在暴力资源上让对方处在弱势一方，或者，让受害者与外部资源隔离。这些"弱者"或是缺少他人的支持，或者精神上处在被隔离的状态。

刑事案件多发生在深夜 10 点至凌晨 5 点的时间，此时，受害人常常独自一人，缺少从社会中获得及时的资源支持。在美国，非法移民，或从事不受法律保护的业务的人，或者处在不愿告知或公开的情景中的人，都容易成为暴力的攻击对象，他们共同的特点，就是缺乏广泛的社会资源的支持。

当受害者过度恐慌或被控制在攻击者所拥有的暴力情境中时，受害者就会被攻击者从其他资源中隔离开来，陷入对暴力资源的恐慌中。事实上，受害者可能还可以利用其他资源，但是由于自身陷入恐惧，反而忽略了自身可能有的其他优势资源。

心理咨询案例中，"弱者"心理在部分患有心理和精神性疾病的患者身上也同样出现。抑郁症患者，心境低落与其处境不相称，情绪的消沉可以让他们从闷闷不乐到悲痛欲绝，自卑抑郁，甚至悲观厌世。

2）羞辱受害者

羞辱受害者，是攻击者要从心理上进一步剥夺反抗的力量。

获得控制权的攻击者，会对受害者的"弱者"形象产生鄙夷，进而制造出等级化的优越感，将受害者从心理上推向"弱者"的境地，从而，攻击者会进一步在心理上失去对受害者的同情。被俘的军人没有了武器，而处在"弱者"的认知偏差上，进而产生自卑感。被长期封闭在集中营的犹太人，受到纳粹士兵在身体和精神上的双重打压，使得犹太人对自己也感到羞耻。

【资源和控制权是触发暴力的条件】

比如在冲突性情境中，在研究街头斗殴的暴力现象中，挑衅本身也会阻止暴力演变成实质性行为。冲突性的恐惧和紧张情绪，也并不能立即制造出暴力冲突。

兰德尔有这样的记载：身材高大的德莱赛，身高有 2.03 米，体重超过180 斤，他比身材高瘦的刘易斯要高大强壮许多。这种情形下，德莱塞让事件升级到打耳光的地步，德莱赛仪式性的耳光作为报复，而刘易斯的回应只是停留在口头上，而尽量避免陷入暴力。德莱赛寻找到自己在暴力社交互动中的优势资源——强壮的身体，由此，在暴力前的社交中形成对刘易斯的社交权力，进而支配了刘易斯在暴力互动中的行为反应。

控制权是攻击者发动暴力攻击的触发条件，也是攻击者的一个理性决策。这是一个攻击者下意识的判断，如果不能在暴力社交互动中掌握控制权，暴力者就抑制住自己的暴力行为真正发生。

在持枪抢劫案件的研究中，抢劫犯会认为，"把枪展示出来，会成为一个至关重要的仪式"。持有暴力武器，是在暴力社交中占据社交资源优势的方式，但是更重要的是，让受害人知道他们具有暴力的资源和能力。抢劫犯通过这种展示暴力资源的仪式性动作，赋予了抢劫者情绪能量和对受害者的控制权。

获得能够掌控暴力互动的资源就获得了暴力互动的社交权力。暴力攻击的发生的第二个条件，就是攻击者以资源形成的权力来支配受害者。当对方出现软弱或恐惧时，攻击者就会夺取暴力社交的控制权。

【攻击者的心理】

事实上，攻击者不愿与强大的对手交锋。在任何暴力行为真正发生之前，攻击者都会观察受害者是否"流露出恐惧"，是否处在一个弱者的角色中，以避免暴力给自己造成伤害。

在古代战争中，一场普通的战事中，通常的伤亡率只有5%，而最大的伤亡是发生在战斗的尾声，大部分伤亡其实发生在一方溃败和恐慌性后退的过程，此时的伤亡是平均伤亡人数的4倍以上。即其中有一大部分伤亡，来自自己人的误伤或踩踏。失败者无力反抗，是造成他们被大屠杀的一个重要因素，兰德尔认为，他们失去了伤害攻击者的"情绪能量"。

只有当军队发生溃败时，进攻才会真正获得巨大的胜利，同样，在生活中，只有当受害者完全服从，"受害者无法自卫"时，攻击者才会从攻击和暴力中获得百利而无一害的结果。这种情形，不仅发生在战争战役中，也出现在霸凌事件、抢劫和强奸的案件中。只有当受害者放弃反抗，放弃还击时，攻击者才会是安全的，这也导致了攻击者对受害者肆无忌惮的伤害。

暴力总是挑选那些容易成为"弱者"的受害者。在我们现在的日常生活现象中，无论是在学校，还是职场中，霸凌的受害者，都是那些不善交际，不受欢迎，害羞和缺乏自信的人。而在家庭暴力案件中，有统计说，"男性虐待少年情况更多，而女性则更常见于虐待幼童的案件中。"

研究发现，大多数攻击者为了减少自身的损伤，会"尽可能避免产生直接冲突"。这时因为暴力者，其实和受害者一样，对暴力心怀恐惧，所以，当他们势均力敌时，攻击者总是避免暴力。

【习得性的弱者心理】

受害者的"弱者心理"常常是一种习得性的养成心理，比如子女面对父母，具有习得性的服从——这种习得性服从来自亲子之间长期的资源供养关系、依恋关系。但同时，父母方却因掌握亲子社交关系的资源，拥有对子女的控制权，子女则习惯性地接受父母权力的控制。

在暴力社交中，暴力行为中的受害者也常常进入一种习惯性的"弱者心理"。在暴力社交互动中，攻击者反复攻击和羞辱受害者，使得受害者出现一种"习得性无助"的心理状态。"习得性无助"是在被权力长期支配下或暴力攻击下的受害者心理。

在暴力冲突的情境中，"那些成功做到攻击弱者的人，如家暴者、霸凌者和暴力抢劫者，都明白（这种情形）：（受害者的）软弱并不仅仅取决于身体条件……受害者的软弱体现在社会情境中：他们可能一直地位较低，在社会中处于孤立地位，忍耐和适应了他人的折磨和羞辱；……有时他们的软弱仅仅体现在特定情境中，其他人可能获得了对他们的控制权，进而操纵了他们对现实的感知，剥夺了他们的主动性，令他们进入受害者的情绪中。"

习得性无助者并非没有反抗或逃跑的能力，他们本可以反抗，但他们放弃了。因为他们认为反抗无用。但是，是谁告诉他们"反抗无用"？

"弱者之所以为弱者，并不是因为他们无力反抗，无法伤害攻击者，并不是由于人们害怕死亡或受伤"，而是在冲突中，攻击者获得了暴力社交的定义权和控制权，并由此释放自己的暴力行为，而受害者在"冲突性恐慌"中，失去了获取外部资源的动力，陷入"受害者"的角色，并对攻击者的资源产生依赖。

可见，暴力行为中的"受害者"角色，是由两方面因素促成的。一方面，攻击者反复对受害人的资源进行剥离或隔离，另一方面，受害者因长期习得性无助的"训练"，产生强烈的自卑意识。这两方面都使受害者容易放弃反抗，甚至放弃逃避，任由攻击者伤害。

作为一种社交行为，暴力社交行为也是通过学习和训练获得的。发展出暴力和攻击行为的攻击者，不仅需要积聚"冲突性紧张或恐惧"的情绪，同时，还必须习得暴力社交互动的技能，从暴力前的社交中，掌握与受害者的社交权力。而受害者在这样的暴力互动社交中，失去了暴力社交权力，成为暴力社交中的弱者。

陷落在暴力中的人们

1973 年 8 月 23 日，两名有前科的罪犯抢劫瑞典首都斯德哥尔摩市内最大的一家银行，警方赶到现场时，两名罪犯挟持了四位银行职员。在与警方僵持了 130 个小时之后，歹徒放弃抵抗。

事件发生后几个月，这四名遭受挟持的银行职员拒绝在法院指控这些绑匪，他们甚至还为罪犯筹措法律辩护的资金，他们都声明歹徒非但没有伤害他们，还照顾他们。人质们表示并不痛恨歹徒，反而对歹徒表达感激，相反，他们对警察采取敌对态度。四名人质中一名女职员还爱上劫匪，并与他在服刑期间订婚。

这个著名的案件后来衍生出了一个心理学名词：斯德哥尔摩综合征或者斯德哥尔摩效应。

【生活中的"斯德哥尔摩效应"】

在我们的日常生活中，斯德哥尔摩效应会以不同的面目出现。在任何的社交关系中，当双方的负面行为和负面情绪多于正面关系和积极情绪时，就可能会出现斯德哥尔摩效应。

惯常性的暴力行为会在这种逐渐增强的斯德哥尔摩综合征中形成。

在企业内也会发生斯德哥尔摩效应。企业的员工常常会被老板责骂，在正常的工作过程中，老板会多次责骂自己的下属，也会偶尔有一两次对这个下属表达关心，这让下属觉得这个老板并没有那么冷血，反而对这位对自己责骂很多的老板有了一些同情和支持。

在恋爱中，关心要多于责备，所以恋爱过程总体上会呈现出一种快乐幸福的状态。当情侣们进入婚姻生活成为夫妻时，有些女性会感慨自己的幸福感下降了，其中直接的原因是快乐和幸福的时刻渐渐减少，而双方相互责备的次数逐渐增多。家庭关系中相对弱势的一方会更多地被对方责备，甚至打骂，但是仍然会觉得自己很爱对方，是因为对方还时常会表现出对自己的关心。直到双方相互伤害的次数和程度超过快乐的时光，此时存留的爱的关系就被斩断了。

斯德哥尔摩效应的另一个生活现象是"棒打出孝子"。在很多亲子关系中，我们曾观察到这种轻微的斯德哥尔摩效应。在管教严厉的亲子关系中，被严格管教的孩子常常会更倾向于追求父母的爱，他们更愿意听到父母对他们的夸奖，即便这些孩子已经成年，父母的威严和夸赞仍然是他们精神世界中重要的内容。

【窄化效应下的受害者】

为什么受害者无法摆脱斯德哥尔摩综合征的社交模式，从而彻底避免暴力的发生？

一名警察曾这样描述持枪劫匪的出现："当他向我们走来，就像慢动作一样，一切都聚焦在他的身上……他的每一个动作都让我全身紧绷，我胸口以下毫无知觉，一切精力都集中在目标身上，时刻准备对他做出反应。"

在暴力的冲突情境中，"尽管近距离听到的枪声可谓震耳欲聋，但警察却经常认为自己的枪声听起来像是遥远的闷响，通常他们根本不会听到身边其他人的枪声。""事实上，枪战转瞬即逝，最多也就几秒钟而已，但开枪者格外清晰地感受到诸多细节，时间看起来就像放慢了一样。"

兰德尔·柯林斯认为，暴力的发生来源于人们在冲突性情境下积蓄的冲突性紧张和恐惧在某种条件下被释放出来。他把这种现象称为"恐慌进攻"，它制造出了攻击者，也制造出了受害者。

当双方的冲突发展到失控关口，人们会因为紧张或恐惧而进入非理性化的情绪化隧道。在"冲突性紧张或恐惧"的情绪化状态下，不同的个体会被引向不同的方向。攻击者在"冲突性紧张和恐惧"中累积情绪，获得足够大的情绪能量，相反，受害者的特点是失去了自己的情绪能量。

人们在冲突性的紧张状态中，听力会减弱88%，视觉窄化82%，事件的时间放缓63%，兰德尔称这种现象为"窄化效应"。

"暴力并不是由孤立的个体制造的，而是在整个情绪和注意力空间中产生的。"冲突性紧张和恐惧会引起注意力空间的"窄化效应"。

当攻击或暴力发生时，攻击者和受害者都会陷入"暴力互动"的焦点空间。在这个焦点空间上，攻击者不断强化自己的攻击资源，强化对受害者的控制，而受害者则被闭塞在这个"焦点空间"陷阱里，无法获得更多的支持资源。

情绪注意力空间的窄化会将注意力和情绪能量集中集中到一点上，无论是攻击者还是受害者，都把注意力转化到一个有限的资源空间和环境中。

情绪注意力空间"窄化效应"让攻击者获得暴力资源，而受害者失去焦点空间之外的支持性资源。恐慌、紧张和情绪化的积聚，在视野限制下的窄化时空中，受害者更加软弱，攻击者进入暴力情绪"巅峰状态"。

我们可以看到，暴力发生时，攻击者聚集了非常高的情绪能量，同时，攻击者非常清晰地观察到自己是否具有操控受害者的控制力。在大多数成功的暴力攻击行为中，暴力行为都不是一次失去理智的反应，而是攻击者对受害者的理性判断和选择。暴力攻击是一个理性驱动的结局——这个结论与兰迪·班克罗夫特在对施暴者心理咨询的研究中得到的结论一致。

打破暴力的互动模式

根据前述章节的内容，我们知道，暴力攻击行为需要经历以下三个阶段：① 攻击者获得暴力资源，彰显暴力权力。② 对受害人反复打压，操控受害者陷入"弱者"心理，放弃抵抗。③ 对弱者的攻击。

打破暴力社交的互动模式，将有助于抵御暴力行为，包括避免自身的暴力行为或抑制他人的暴力发生，具体可以参考下面四个行动。

【发现暴力行为的早期征兆】

暴力互动的社交模式总是会露出暴力行为的一些早期警告信号。

比如，他对他之前的伴侣出言不逊。他对你不尊重，常常使用尖酸的言语，羞辱或贬低你的行为和决定。

在一段关系伊始，他就很快或者是太快对这段交往认真对待了，而此时通常在双方还没有充分了解对方的时候。如果是在恋爱中，他常常会在你并不需要帮忙的时候热心帮助，并将之称之为慷慨，关键是这让你有点不舒服。

他控制欲很强，他喜欢决定一切，占有欲过于强烈，有时是充满妒意的行为，要求对方放弃某些合理的选择。他以自我为中心，总是喜欢把话题转到自己这里来。

他总是关注你的缺点。他自己却好像永远不会犯错，错误的事总是发生在别人身上，或者推到别人身上。他有双重标准，比如即便他真的犯了错误，也有其他人的问题，即便他道歉，也常常带有一些额外的条件。

他破坏你的成长过程和朋友社会关系，比如损害你的自信，尽量阻碍你的独立行为。他否认自己的所作所为，会否定和曲解事件和事实。他会让你的情绪自卑、抑郁，甚至无力自拔。在愤怒的时候，他会威胁你，会让你感到害怕。

【获得暴力社交的权力和地位平衡】

暴力社交的互动模式中，受害人的社会资源会逐渐被隔离或瓦解。受害人会发现自己无法控制自己的收入，无法随意花销，自己的亲朋好友会逐渐减少或被排斥。长此以往，受害者的个人资源就会丧失，一旦个人的资源丧失，随之而来的就是在社交互动中权力和地位的丧失。

为了避免这种情形发生，受害者需要在社交伊始确立哪些个人资源不能被禁止或剥夺，并且，还要有意识地扩大自己的个人社交圈。比如，保留可供自己使用的经济收入，经常与自己的朋友交往，对自己的个人资源进行记录，对于重大的财产进行事先公证或保留凭证。另外，更重要的是为自己保留独立思考的空间，保持开放心态，持续学习，让自己在知识和精神上保持充实。

在与对方的社交过程中，进行事先声明。事先声明自己的底线，声明自己对越过底线的行为的反应和反制措施。事先声明的举动，常常会让自己变得强大，从而使得对方试图建立暴力互动的社交模式的企图心降低或得到抑制。

【发现暴力互动的社交模式】

有这样一个案例。一个丈夫在喝醉了之后，常常声称他的妻子不爱他，想要离开他，而这位妻子向丈夫保证自己的爱和忠诚。每当这位妻子恳切地希望丈夫相信她时，丈夫就会开始攻击妻子，刚开始是辱骂，然后又是身体上的攻击，甚至动用刀具威胁，他的攻击行为逐步升级。在这个家庭关系中，这类的虐待行为会以类似的方式，同样的模式，反复发生。

当发现自己处在被嘲讽、侮辱，并渐渐出现个人的无力感时，你要观察自己是否陷入了对方的暴力互动的"煤气灯陷阱"。

回到以上那个家暴案件，最后，那位妻子在心理咨询师的指导下，改变了她与家暴丈夫之间的互动行为。后来一次，丈夫又一次喝醉，并声称妻子不爱他时，这位妻子辨认出了这一暴力启动信号，她将一大瓶可乐倒在了对方身上，中断了又一次家暴前的暴力互动，妻子打破了原来的暴力互动的社交模式，从而终止了丈夫试图启动的暴力行动。

【有节制地反向支配】

如果暴力已经发生，该怎么办？

一旦暴力行为确实发生了，受害者还可以进行有节制地反抗或反向支配，争取可能的部分控制权。一旦受害者表现出反向支配的行为，打破攻击者的控制权，攻击行为就会受挫，甚至被抑制。反抗或反向支配，是受害者摆脱攻击者的控制，弱化或瓦解攻击者的控制权的策略。

在一个便利店抢劫案中，售货员老妇人在暴力抢劫中的有节制地反向支配行为，避免了抢劫犯暴力的升级和对自己的伤害。

具体过程如下：一名抢劫犯到一家售货店去抢钱。要求店里的售货员老妇人把所有的钱给他。那位售货员走向收银台，但又停下脚步，说"我不想把钱给你了"。当抢劫犯声称要杀了她时，老妇人打开了收银台的抽屉，说"你自己拿钱吧！"抢劫犯走过去，照售货员说的，拿走了所有的钱。此时，老妇人笑着说，"我想我现在对现在的年轻人真的是不了解"。抢劫犯在被捕后说，这位售货员看上去就像一个好脾气的老奶奶罢了。

利用反向支配，这位售货员拒绝了攻击者的某些要求，说"我不想给你钱"，表达不愿完全配合，并测试攻击者的暴力强度。这位售货员还说"你自己拿钱"，她在尝试支配暴力者的某些行为。通过接入无关事件来弱化暴力的情景，比如售货员面对抢劫者，笑着说"我想我对现在的黑帮年轻人真是不了解"。

这些反向支配的策略会抑制攻击者进入暴力互动角色，弱化攻击者进入"暴力互动"的情境，打破情绪化恐惧，避免将受害者推入"弱者"的角色定位。

摆脱弱者心理

面对可能的暴力威胁，你需要摆脱弱者心理，由此，你需要尽量避免陷入情绪化恐慌，而是寻找机会摆脱或弱化攻击者的控制权，防止陷入受害者的弱者角色，这些都可以抑制或弱化攻击者的暴力行为的启动机会。

【稳定情绪： 处理冲突性紧张和恐惧的情绪】

你可以借助以下两个行动来尝试稳定住自己的情绪：一是识别出情绪化状态，二是摆脱情绪化反应。

第一步，是要能够识别出自己或对方的情绪化状态。

在冲突性情境中，攻击者和受害人都会陷入"冲突性紧张和恐惧"的情绪化反应。

受害人的情绪化反应，比如哭喊、瘫软、胡乱反抗，也会强化自身的紧张和恐惧。同时，受害人的这些情绪化反应，也可能进一步刺激同样陷入"冲突性紧张和恐惧"情绪的攻击者，这让攻击者更加陷入"爬行脑"的生物性攻击状态。

所以，我们需要及时尽早地识别出冲突性紧张和恐惧的情绪，包括认知到自己在冲突情境中自己会恐惧和紧张，同时，也认识到恐惧和紧张也发生在对方身上。

你可以观察自己的生理状况。恐惧产生时，常伴随一系列的生理变化，如心跳加速或心律不齐、呼吸短促或停顿、血压升高、脸色苍白、嘴唇颤抖、嘴发干、身冒冷汗、四肢无力等等，这些生理功能紊乱的现象，往往会导致或促使躯体性症状的发生。

你还可以从自己对对方的态度，比如厌恶、憎恨等情感中，了解自己可能的情绪反应。恐惧也会让知觉、记忆和思维过程发生障碍，失去对当前情景分析、判断的能力，并会出现行为失调。

第二步，要求自己保持冷静，避免情绪化反应。

暴力攻击下会出现窄化效应，这会使自己忽略可以利用的外部资源。摆脱情绪化状态，可以避免使自己陷入注意力空间的窄化效应。

有一个案例。在一个隔离的 ATM 空间里，一个持枪抢劫犯截住一名妇女，要抢走她刚取的钱，这名妇女坚决不从，与劫匪一起抢装钱的包，情急之下，抢劫犯一枪打死了她。在遇到攻击者，攻击者因为情绪化的紧张和恐慌，当他的目标受到阻碍或挫折时，会因慌张而发动攻击。

有意识地要求自己保持冷静，摆脱冲突性紧张和恐惧的情绪，可以尝试下面的三步冷却法：

（1）等待：生理冷却——离开情绪化现场，退出情绪化场景。

（2）转移：行为冷却——去做一些其他事。

（3）反思：认知冷却——理性回顾事件的来龙去脉，反思多边规则。

如果对方的暴力行为未造成实质或较大的伤害，受害者可以选择适时地"宽恕"伤害行为和施害者，以便让自己尽快回到自己的生活轨道上。

【摆脱弱者心理】

一旦你变得强大，暴力者也会退却。你可以参考以下两个行动：一是寻求外部资源的支持和介入，二是保持积极和乐观。

行动一： 寻求外部资源的支持和介入

当暴力威胁发生时，高声呼叫，虚张声势，寻求自卫的武器，进入更公开的场地，这些是对抗攻击行为的资源，都有助于受害者弱化暴力行为。

比如，当一个人面对一群对手时，你可以运用文化权力，要求对方公平打架，要求"一对一"的决斗。文化权力的介入弱化了攻击者的群体数量上的暴力权力，而在"一对一"的情形下，一方的优势是有限的。通过引入其他形式的权力，可以弱化攻击者的暴力威胁。

在日常生活中，拥有自己的朋友、保持独立的经济收入以及掌握某些知识和技能，都是一个人可以用于抵抗家庭暴力的资源。

保持学习、保持理性思维，保持与外部世界的接触和交流，可以帮助我们获得认知上的进步，拓展我们的辨识经验，还能让我们认识更多的同学和同伴。保持开放的生活状态，可以在很大程度上遏制暴力行为的启动，也能够阻止暴力者出现在你的身边。

行动二：保持积极和乐观

保持积极和乐观的生活方式，会让我们保持一个健康自信的心态，避免暴力者对我们人格的迫害。你可以让自己尝试以"正念"来对待自己的所思所想，所言所行。

有这样一个故事。话说禅师和吉姆一起旅行，坐在一棵树下分吃一个橘子，吉姆掰了一瓣橘子放进嘴里，在还没开始吃之前，又掰好一瓣，准备送入口中。禅师对吉姆说："你可以把含在嘴里的那瓣橘子吃了，细细品尝这瓣橘子的味道。"正念的状态就是专注于吃每一瓣橘子。

理解正念的一个经典案例就是：在洗碗时，我们就只是洗碗。即当我们洗碗的时候，不要去思考洗碗之前做了什么，也不要去设想洗碗之后还要去做什么。洗碗的时候，就专注于如何将碗洗干净，只要专注于当下发生的事情，就不会有过多的焦虑。当我们尽力完成当下的事务时，我们的身心就会变得轻松、愉快，也会获得积极和乐观的感受。

在正念练习中，我们尽可能"坚持观察"现象的思维方式，而不是"评价"。

正念练习的其他方法有很多，你还可以练习冥想、放松（腹式呼吸，有觉知地呼吸），进行放空想象练习。正念练习还可以通过肢体行动来进行，比如保持微笑、专注做一件事（打扫家具），培养规律性生活（比如每天读书30分钟），保持仪式等。

　　我们通过社交思维来观察施暴者的行为，并且勇于利用社交行为的原理来反击暴力者，摆脱弱者形象和弱者心理，学习打破暴力社交的互动模式，处理好冲突性紧张和恐惧的情绪，用上面的方法帮助自己避免或摆脱暴力控制。

人类习惯使用暴力吗？

种种暴力和攻击行为，无论是日常的人与人之间的冲突和攻击，还是在大规模的暴动中的狂热，以及在战争中赴死，似乎都在述说着人类的暴力本性。

那么，人类真的是习惯使用暴力的生物吗？

【大部分士兵没有杀死过人】

兰德尔在研究二战期间的士兵行为时，发现在战争中，平均有5%~6%，有时会有高达20%的士兵，出现大小便失禁的情况。在一次战斗中，前线的士兵仅有15%~25%的人开了枪。在二战中的英国皇家空军里，60%的空战胜利是由5%的飞行员夺得的。

"当冲突发展到暴力的关口，一些人进入了一种恐惧状态，或者至少也是一种高度紧张的状态。"这是一种紧张情绪，暴力的双方都会进入这种情绪状态。多数的情形下，恐惧和紧张会抑制冲突引发真正的暴力行为。兰德尔在研究了军队战斗力的案例和数据之后，发现二战时期，前线士兵中15%是低开枪率，许多士兵会向空中乱放枪。

兰德尔认为，在大多数冲突情境中，因为情绪上的紧张和恐惧，人们往往会回避最终实施暴力，这样暴力和攻击行为常常会被抑制住，大部分暴力攻击停留在暴力社交的互动中。

人类在面对真正的暴力冲突现场时，大部分情形会规避或逃避真正的暴力行为发生。人类的合作动机要大于暴力攻击的动机。

从一战到朝鲜战争，只有不到1%的飞行员成为王牌飞行员，但在空对空的战斗中，却有37%到68%的敌机是由他们击落的，大部分飞行员都没有杀死过任何人。

在对美国的持枪抢劫案的研究中，也发现类似的现象，在警察和劫匪的枪战中，"大部分子弹都没有射中目标，只有1%的子弹击中了人"。

为了解决低战斗力的问题，在17世纪，西方军队中采取群体化的密集方阵，来缓解士兵的这种因紧张和恐惧而无法战斗的状况——这其实是群体介入的一种运用，就如井陉之战中的排兵布阵一样，来提升士气。

【谁是鼓吹暴力的人】

战斗和杀戮常常不是发生在前线战士身上。"与前线士兵相比，后方士兵会对敌人表现出更多恨意，态度也更残忍。参与战斗的士兵对囚犯的态度往往更好"，"真正的战斗中，愉悦感更加罕见。"炮兵、飞行员，火箭发射士兵，这些远离敌方士兵的士兵，会对敌人有更多的仇恨，而真正在一线面对面搏斗的士兵，则显示出更多的恐惧和紧张。"人们对死于刺刀和匕首有着相当高的恐惧"。

冲突性紧张是"对杀戮的恐惧"，越是身临暴力冲突的现场，这种冲突性引发的紧张和恐惧，反而越加抑制暴力冲突的发生。就算在冲突中占据上风的人，在冲突现场，也仍然会表现出恐惧。

所以，格罗斯曼认为"是否愿意对敌人开枪？取决于与对方的物理距离"。相反，"距离前线越远，人们就会在修辞上表现出更加残暴的倾向"。

【人类不善于使用暴力】

兰德尔总结道，"人类是不善于用暴力的，暴力最大的障碍是冲突性紧张和恐惧，这才是人们最害怕的东西，而并不是害怕受伤，也不是害怕被社会惩罚。"

　　美国人类学家罗宾·邓巴，从进化理论和考古的发现中，也发现了人类对暴力行为的抑制。他发现人类进化出了社会化的"社会脑"——它的生理基础是人的大脑新皮层，大脑新皮层对社会群体的社交互动的认知和组织能力，使得人类发现了比暴力和对抗更加有益于人类自身的社会性合作。"社会脑"用理性和文化代替了"爬行动物脑"的暴力和冲动，认知和理性抑制了暴力情绪的快速释放，使得人类看上去更加倾向于合作，或者在百万年的进化历程中，已经习惯了合作，而不是暴力或杀戮。

　　暴力行为违背了人类对生理安全和对舒服心理的追求，超出了追求人类社会化合作的需要，与人类"仪式性团结的倾向格格不入"。

　　相比暴力模式的社交，平和的社交模式才是人们的主要行为方式，人们会更倾向于追求牺牲，而不是伤害他人。但是，这不是说，人类放弃了暴力，在冲突和暴力互动中，人们展现出的"与其说那是杀戮的勇气，不如说是赴死的勇气"。

❯ 爱和幸福的社交

爱是一系列表达

谁可以说清楚"爱是什么"。

答案可能有：爱是一种情感，是一种感受。爱是无私的奉献，爱就是对他人的关心。爱也需要回报。

当两个人产生好感，说"我爱你"的时候，人们实际上是在说什么呢？是"我需要你"，还是"你需要我"；是在说"我要为你做些什么呢?"，还是"只是感受到一种感觉呢"？

如果我们细细咀嚼会发现，当恋人们说"我爱你"的时候，其实是在表达以下的一些内容。

"生理上，你让我有了化学反应。"

"情绪上，我感到喜悦。"

"情感认知上，你是特别的。"

"行为上，我期待靠近你。"

同样，当妈妈对孩子说"宝宝，妈妈爱你"，她是在所表达以下的一些内容。

"生理上，妈妈的血清素分泌更多了。"

"情绪上，妈妈感到喜悦和舒适。"

"情感认知上，你和妈妈有特别的关系。"

"行为上，妈妈期待拥抱抚摸你。"

【爱的组成内容】

从以上例子中，我们会发现，爱不是一个单一的东西，爱是一系列表达。

简单地说，爱由四个内容组成：生理反应、情绪反应、情感认知和爱的特定行为。

（1）生理反应——人的生理变化，如心跳加速、脸红、血压升高等。

（2）爱的情绪——单纯的情绪，如喜悦、兴奋、担心、焦虑、悲伤、恐惧。

（3）爱的认知——爱的情感认知，是对两人特征的认同或不认同，比如喜欢或者讨厌，兴奋或者羞涩。

（4）爱的行为——爱的特定行为，两人之间的言语和行为。比如拥抱、接吻、关怀、关注、关心的行为，羞涩的举止等。

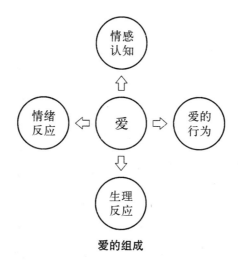

爱的组成

我们可以看看更多关于爱的例子。

语言示例	四种爱的内容	四种连接的方式	具 体 表 现
我要你。 和你在一起。	生理反应	性的连接，身体接触	身体接触、性行为，生理指标（血压、心跳、肾上腺素、多巴胺、血清素等）
我很开心。	情绪反应或感觉	心理投射 比昂中断	喜悦、愤怒、兴奋、冷漠、温暖、舒适等，触觉和身体接触
我喜欢你。	情感认知	认知倾向性，理性的判断和取舍	对两人不同特征的认同或不认同，比如血缘、文化、经验、直觉、经历 可得性（熟悉程度），价值观、信念 家庭关系（角色、平衡、次序）等
你爱我吗?	表达方式	言语、行为、表情	眼耳鼻口触，躯体姿态、行为习惯、脸部表情肌

我们会用四种不同的连接方式相互关联。我们对爱的情感、情绪、生理和行为了解得越多，我们会发现我们对自己、对爱人、对爱就越尊敬。两人的感情越好，其实是指双方在爱的内容上联结和认同程度越清晰。

相反，缺少以上任何一方面的内容和连接，两人之间的爱都不会是完整的。

比如，女性问男性，"你爱我吗?"

如果男性在认知的层面回答女性的这个问题，他会说，"我爱你呀"，或者说，"这个问题你还要问吗?"其实女性在向男性提出这样的问题的时候，并不需要一个客观性的回答，因为对于这样的问题，爱或不爱，女性完全可以根据自己的判断来作出。但是，女性还要将这个问题抛给男性来回答，显然不是需要获得是非判断上的答复。

其实，任何非判断性的答复，都可能比是非对错的认知答复要好。我们可以从情感的另外三个层面回答。

从生理反应层面，女性其实在问"你爱我的时候是什么感觉?"这时回答这个问题，比如"当然，每次我想到你，都感觉心里暖洋洋的，都想一直抱着你。"

从情绪反应的层面，这个问题就是"你爱我时候，有什么感受?"这时回答这个问题，比如"当然，能和你在一起，我可高兴了，很开心。"

从行为表达的层面，女性可能在问"你会用什么方式来爱我呢?"这时回答这个问题，比如"当然，我会每天都打你电话。"

如果将三个层面与情感认知判断层面联合起来，这时的回答是"当然啦，我每次见想到你，心里都是暖洋洋的，很开心，想一直抱着你，我会每天与你电话联系的。我爱你。"

怎么样，当你理解了"爱是一系列表达"这个观点时，你与爱人，或者与孩子之间的沟通是不是变得更加顺畅了?当你听到"我爱你"的时候，你可以稍微停一下，听听对方最想表达的，请你相应地反应对方的需要。这样你是不是更加受对方欢迎呢?

在亲子沟通时，身体力行，并结合语言，给孩子描绘你的爱在表达什么，让孩子理解你的爱中细微的四种内涵。你和孩子之间也会发生完全不同的化学反应。

爱的信任和权力

　　李富真是三星集团的长公主，不仅家世显赫，还拥有"媲美明星的容颜"，端庄美丽。她毕业于韩国延世大学，后来又出国深造获得了麻省理工 MBA 学位，回国后参与企业经营，成功拯救了半死不活的新罗酒店。

　　任佑宰原是三星集团的一名保镖，他们相识结婚后，李富真安排任佑宰出国学习经营企业。

　　李富真在 1999 年下嫁给了保镖出身的任佑宰，很多人相信他们之间的爱情，一个是冲破了上流社会的政治联姻的枷锁，另一个是反抗金钱对纯粹爱情的羁绊和约束。因为爱情，他们不惜反抗整个家族对爱的干预，冲破人们长期以来固有的门第观念。

【爱的信任关系】

　　为什么爱对一个人意义重大？

　　在追求爱的过程中，在荷尔蒙和激情的鼓舞之下，一个人会激发起无私的、完全自我牺牲的精神状态，他会认为自己愿意为爱而投入自己的一切，甚至生命，以向对方呈现"我是可以被完全信任的"。

　　这种激情是真实的自我牺牲。牺牲意识，让一个人从被抚养的索取状态，转向愿意付出，从而产生强烈的归属感，他与对方联结为一个共同体，获得自己的存在的价值感的状态。通过爱和牺牲，一个人真正成长为融入社会关系的人。

　　爱对一个人最大的意义，是让人发现自己有能力牺牲自己，让自己成为一个有存在价值的人。

最理想的爱情关系，就是无私的爱和完全的奉献的情感。这是一个人一生中最美好的时刻，它充满了符合人类利他精神和道德的牺牲行为，帮助个体建立起的信任能力，这种巨大的个体信任收益，也只有在完全利他的行为过程中才能建立。

相比从爱情中得到金钱和利益，爱情中的信任收益才是这个阶段最大的收获，它突破对个人利益的追逐，通过爱和奉献，发展强烈的信任关系以及强烈的自我价值。

我们相信，李富真与任佑宰在选择对方的时候，都收获了他们人生中少有的信任和价值感。

【弱信任与强信任】

在爱情中，有些人是因为对方有钱，而爱上对方；有些人是因为对方长相好看，才爱上对方；也有些人是因为对方家庭优越而爱上对方。这些都是爱情的一部分。但是，这些有限的信任点，既维持着双方的关系，又可能摧毁双方的爱情。

如果两个人的信任关系容易被削弱，这说明两人之间的信任关系比较薄弱。弱信任关系的双方，常常只靠单一的信任维持，或者在信任圈的较外层的信任边界上进行资源社交。

和谐稳定的爱情，必然是强信任关系。强信任关系，需要个体间保持多个信任点，而不必担心在某些方面出现矛盾。

亲子关系是一个典型的强信任关系。这要归功于亲子之间已经建立起来的多重信任，它们来自血缘、情感、利益等多重信任点。所以，即便亲子之间因某件事发生争吵，一般也不会导致双方关系的破裂。

【爱的强信任关系】

一个人拥有四大类社交资源：生命和健康、情感和道德、财产和资源以及自我价值。

爱情在社交关系中，只是一种情感资源。情侣之间，如果能够有两个以上的资源在社交过程中进行付出和交换，那就有可能建立多重信任点的强信任关系。

一见钟情的情侣，会在双方的情感上相互支持，但是，还可以在对方的职业发展方面提供支持和帮助，也可以在财务上支持对方，或者关心对方的原生家庭，这样就发展出了多重信任点的强信任关系。

理性和谐的爱情，需要在更多社交资源上进行交往，发展多重互利的信任关系。

【爱的两条线索】

与所有的社交行为一样，爱的社交行为也包含两条线索：第一条是基于利他行为的信任关系；第二条是基于资源依赖的权力关系。

爱，除了是一种强烈的情感之外，同时也是一种信任关系。它包含强烈的利他行为，呈现强烈的利他精神。爱情，也是两个独立个体相互"加入"对方的社交过程。又因为涉及向爱的对方提供或者索取资源，爱情也会呈现出一种权力关系。

爱的信任关系，通过双方的利他行为和利他精神，交换并创造出爱的情感和牺牲关系；而爱的权力关系，会启动支配和服从的权力逻辑，这个逻辑的起点就是选择爱的权力。

【爱的权力关系】

如果说爱情的信任关系关乎爱的情感构建，那么，爱情的另一条社交线索，就是关于资源依赖的权力关系。爱的权力关系，会要求一方服从拥有权力的另一方的要求。

日本家族在纳女婿继承自己家业时，会要求男方改姓为女方家族的姓氏。丰田的第一任社长丰田利三郎，原名玉利三郎，在成为丰田创始人丰田佐吉的婿养子之后，被要求改姓为丰田。

在大多数的家庭中，男性主要承担经济收入，而女性会较多地承担家庭事务。爱的权力关系会形成双方的家庭权利和义务，即"我可以做什么，可以不做什么。你可以做什么，可以不做什么"。

在两性关系中，如果其他资源条件接近，爱的权力首先体现为选择对方的权力。

此时，女性具有天然的伴侣选择权力。女性可以使用这种选择权，支配男性，要求男性服从她的指令，并听从她的要求。这个过程贯穿恋爱的早期阶段，并在婚姻阶段也可能具有效力，除非男性放弃对女性的追求，否则，女性在伴侣选择上的权力是无法被消灭的。

在社交过程中，相爱的男女双方各自拥有不同的资源优势，从认识的第一天起，双方就会面对因资源差异，而在爱的社交关系中形成权力关系。

男女相貌体型等生理特质，以及性格、品德、情感和美德等社会地位和名誉资源，各自拥有的经济资源、不同的社会人际关系、人脉等社会资源，还包括每个人各自的行动能力和意志力，这些个人资源都可以成为一个人约束对方的权力。

当然，资源只有被需要和被使用时，才会让权力发挥效力。如果一方具有丰富的资源，却不乐意为对方投入，他的爱的权力也会大打折扣。有时，虽然男方不是很富有，但是愿意为对方投入自己所有的财富和资源，这位男士的利他信任水平，会增强他的爱情权力。

【爱，权力还是信任】

2017 年，李富真与任佑宰最终闹到离婚的地步，双方动用法律来对抗曾经相爱过的人。2019 年，法院判决两人解除婚姻关系，李富真需要支付任佑宰 141 亿韩元（约合人民币 8 370 万元）。但是，任佑宰认为，财产分割部分遗漏了股份财产，将上诉直至获赔 1.2 万亿韩元（约合 72.2 亿元人民币）。

虽然我们推崇在爱情中基于信任，但是，对爱的对方投入资源是否均衡却会影响社交行为的结果，爱也不例外。当爱情中的资源投入发生失衡时，权力就会出现在爱情关系中。

"吃软饭"或"女强人"的家庭关系中，无论女方多么爱对方，多么克制自己的权力，男方常常会在某个阶段，因感到资源和权力上的不足，而"奋起"反抗女方的权力。

我们不是说，吃软饭或女强人的爱情结局都不会很好，但是，如果双方无法在多个层次上建立强信任关系，那么，双方的爱情关系就可能出现失衡。

在资源不对等的关系中，资源较少的一方必然要小心维持双方的感情，需要付出更多的情感和利他行为，来平衡这种资源失衡，通过更多付出，来抵御另一方的权力影响。

当权力替代信任介入到爱情关系中时，当资源较多的一方行使爱的权力，另一方也必然会寻求被支配和服从后的资源补偿，以保持与爱的权力一方的对等社交。

可见，无论选择的是信任和利他，还是权力和支配，社交的逻辑是必然的规律，当爱的权力关系制约了双方的信任关系，就不能够建立有幸福感的爱情关系。

摆脱亲子关系中的权力"陷阱"

2018 年 10 月，海南有个六岁的小女孩，被送到医院抢救，她全身淤血发黑，但最后还是因抢救无效死亡。小女孩最后一句话是：爸爸，我起不来了。女孩还想获得她的父亲的关怀，然而，她的死却来自被她父亲用皮带和衣架的毒打。两天前，这位父亲为了"教育"女儿"不要顶嘴"，号称为了女儿好，竟然活活把女儿打死了。

还有一个案例，是女孩自述。女孩的父母是政府机关工作人员，也是知识分子，认识学校的很多老师，而他们女儿考试基本都是中游水平。一旦孩子没有考到好成绩，家长就会各种辱骂，说孩子以后没有出息只能去捡垃圾之类的话，让孩子跪在地上，写检讨书，写自己为什么没有考好，还对女儿说，他们的行为就是父母对子女的关心。在这对父母眼中，孩子的成绩就是他们在社会上社交的资源，教育成了他们索取社会地位的社交工具，他们将暴力冠上了"爱的名义"。这个女孩曾经数次试图自杀，长大后"自卑敏感"，对婚姻和家庭充满了排斥。

还有一个女孩"总是害怕自己表现得很不好，什么会不会太矫情，会不会态度不大好，是不是这样让人家不高兴，是不是伤害到了别人。"她"直到现在和父亲单独相处仍带有莫大的恐惧"，"在父亲说教的时候，大气不敢出，眼泪不敢流，被迫出声时，还要控制住带着哭腔的嗓音"。很多人说她很成熟，她说，其实她很不成熟，"只是我会在大人生气时选择闭嘴，在大人明令禁止时，立马停下。"她说，她已经习惯投其所好了。

在恋爱的事件上，亲子冲突会更多。有的女生在家和男朋友打电话，却发现妈妈一直偷偷站在门口听。有时，父母为了要自己的孩子断绝异性交往，会以"我就跟你断绝关系"为恐吓。

亲人之间，尤其是亲子之间，为何会以爱的名义伤害对方？

爱就是爱的一连串行为，而愤怒和伤害并不包含爱的四个内容，愤怒和伤害不是爱。愤怒和伤害是社交中的暴力权力，它们同样会掠夺亲人的情感、人格、财富乃至生命。

【亲子关系中，父母掌握什么权力？】

在亲子关系中，父母对孩子的权力显而易见。

亲子共生关系最为紧密的时期，多在孩子的青春期之前。在这个阶段中，父母养育孩子，不仅为孩子付出生命中几乎全部的精力，同时，父母也会从养育资源的供给中，形成管理孩子的"父母权力"。

在亲子社交关系中，父母有权决定，何时给孩子喂食，何时带孩子学习。要求孩子遵守家里的规定，对外交流要有礼貌，一旦做错了事，父母有权惩罚孩子。这些都是父母的权力。这些父母权力，来自父母对孩子的资源的投入，以及孩子对父母资源的依赖。

在孩子未成年之前，父母有时会形成使用权力来简化亲子间的社交过程，并以此形成一种"滥用"父母权力的习惯。在孩子成年后，强势的父母会习惯性地继续使用父母权力。他们会以爱的名义，比如"这是我们父母对子女的关心"，或者以父母之权的名义，比如"我们是你的父母，当然有权这么做"，来干涉成年子女的工作、爱情、婚姻和家庭生活。

他们习惯于保持与孩子早期的共生关系，当然也包括保持对孩子的权力支配。这种"滥用"父母权力的习惯，也容易让父母在亲子关系中，将信任与权力两条线索混为一体。有些父母会固执地以为作为父母可以一直拥有父母权力，可以一直对孩子发出指令，管理孩子的事务。

在 2018 年春节前，一个化名"王猛"的人，发文控诉父母对他的控制。这位王猛从小成绩优异，是某地级市高考理科状元，考取了北大最好的专业之一，之后又到美国排名前 50 大学读研究生。但是，他发文声称 6 年前，他拉黑了父母所有的联系方式，并有 12 年没回家过春节了。心理学家在研究这个案例时，写到"在王猛的印象里，母亲总是把他关在家里，并且包办所有的事情"，父母对王猛的"关心"似乎超过了孩子的意愿，比如从小学到高中，他所有的朋友都要经过父母的审核，他的朋友父母都要认识，他的所有行为都不来自他自己的决定。当他到北京上大学后，父母继续干涉他认识新的朋友。直到王猛和父母决裂之前，父母对他生活的方方面面都深入介入。

父母对孩子的权力，会让父母觉得自己要比孩子强大、也更加正确，即便当孩子长大成人后，父母的这种权威感仍然没有消退或收敛。

【亲子关系中孩子掌握什么权力？】

在亲子关系中，孩子对父母的权力是隐含的。孩子是父母获得幸福感和快乐情感的源泉。

亲子间的共生关系，是亲子之间的互利的信任关系。依恋和养育构成相互利他的信任关系。除了利他和托付生命之外，婴儿拥有两项主要的社交权力，防止父母在困境中抛弃自己。

一方面，婴儿作为一个独立的人，拥有法律保护的权利。这个权利给予婴儿一定的权力，要求父母来养育自己。

另一方面，进化心理学指出，婴儿还拥有一个重要的资源——父母基因。父母想要自己基因得以延续，就需要完成养育孩子的任务。这形成了婴儿对父母的隐性权力，"要求"父母养育自己的行为。

孩子操控和影响父母的方式是多种多样的。

哭声是孩子操控父母的最早行为。微笑也是操控父母行为和情感的方式。焦虑型的孩子，会采取各种直接的破坏行为，比如打破花瓶，与同学打架，在公众场合吵闹等，来吸引父母的注意力和关心。如果父母对孩子干涉介入过多，有的孩子用"听话""懂事"来规避父母对孩子的行为的介入和干涉，有的孩子则选择叛逆来反抗，抵制父母的干预。有些溺爱"心软"的家长，尤其是上一辈爷爷奶奶们，常常容易屈服于孩子的各种无礼要求。

在家庭治疗的案例中，在家庭关系濒于破裂的家庭中，有的孩子会选择用自残的方式，来强行将父母凑合在一起，他用这种极端的行为方式，操控父母一起回到他的身边。

在良好的亲子社交行为中，通过牺牲、利他和信任构建起来的情感，产生的信任，要远胜于因权力施加的压力、破坏和相互伤害所塑造的家庭关系和行为模式。

【父母权力总是趋向减弱】

事实上，在亲子社交关系中，随着父母的投入减少，父母权力也会减弱，亲子间的社交关系也会发生变化。

随着孩子的长大，父母能够给予孩子的资源和帮助渐渐减少，孩子对父母的资源需求也渐渐减少。随着孩子获得工作收入，拥有足够自己独立生活的资源，便渐渐不再依靠父母的资源，孩子就会在亲子的养育关系中独立出来，成为独立的社会人。

在孩子眼中，他们已经不再需要从亲子社交中获得所需的资源了，失去社交资源，父母权力在亲子社交关系中便无从依托，孩子逐渐摆脱父母权力制约，也是显而易见的事。

【摆脱亲子关系中的权力"陷阱"】

如果父母一意坚持使用社交权力来维系亲子关系，亲子冲突会以"爱"的名义发生，但是，那不是爱。

父母如何从父母权力的这种惯性思维中摆脱出来呢？

关键在于区分出基于信任的情感行为与使用权力的支配行为，就是需要将亲子社交中的信任和权力两条线索分开对待。

　　任何良好的社交关系，都会体现社交双方的对等关系，相互尊重是社交双方保持克制和互利的底层心理满足。尊重对方是一个独立的自由的个体，无条件地接纳对方是摆脱社交权力操控的基本价值观。

　　父母能够做些什么呢？

　　对父母来说，首先，认识到自己的权力会发生变化，父母要尽早学习使用信任和尊重来处理亲子关系。

　　比如，减少使用"命令"。苏联教育家巴班斯基曾经说过："父母经常用命令的口气对孩子说话，叫孩子做事，会使孩子产生逆反心理，很难收到预期的教育效果。而一直在命令中做事的孩子，会缺乏主动性，容易形成懦弱的性格，不利于孩子的成长。"

　　父母可以学习并练习与孩子平等对话。父母有责任在没有"下命令"的情况下，开展与孩子的交流和沟通。学习并能够区分命令和请求，运用"请求"的态度与孩子沟通，是认识到自己可能没有完全了解真相，是一种谦逊的态度，而不是强制达成自己的目的。

　　其次，父母可以与孩子主动进行亲子关系的讨论。探讨父母在亲子关系的各个阶段的权力、责任和义务；探讨孩子在其中各阶段的权力、责任和义务；探讨双方的权力可以做到什么，不能做什么，在什么时候父母会放下什么权力，孩子在什么时候会拥有什么权力。

　　还有，如果父母能够将亲子关系视为一系列社交行为关系，他们就会意识到，当孩子成年后，父母应当主动减少对孩子的资源投入；让孩子使用自己的资源，来安排自己的事务。而父母可以保留自己的资源，从而保持自己的家庭权力，保持对孩子的支持，也就能够保持孩子对父母的依恋和关心。

　　作为子女一方，也有一些办法，可以摆脱父母的权力支配和干涉，赢得良好的亲子关系。

　　比如，子女可以为父母主动提供帮助和生活资源。这既是作为养育的回报，又可以对父母形成一定的社交权力，在一定程度上，可以对抗父母权力，同时，也有助于父母从父母权威心态中脱离出来。

子女保持对外独立的社交行为，让父母参与他们自己的社交关系，减弱父母对孩子的社交需要。

对于控制欲较为强烈的父母来说，子女适当适时的反抗或者明确表达的回避要求，有助于减弱父母对孩子的操控习性。对大多数父母来说，这种有意为之的冲突是有效的。

对于亲子冲突较为严重的家庭关系，建议可以进行专业的家庭治疗咨询，咨询的原则是谁想改变谁就去咨询，不能强迫没有意识改变的父母去做心理咨询。

任何关系的改变，都是因为其中一方的认知和行为发生变化了之后才发生的。任何关系的改变，其发生作用的焦点是自己，而不是他人。所以，与其痛斥父母对孩子早年的"残酷或愚蠢"，不如从我们自己的心理需要和行为模式开始调整，这种调整和自我改变并不是为了改变他人，而是让自己更加自由、更加开放，给予自己更多选择。

我们应该相信，"爱"是亲子关系双方的需要，如果伤害的行为代替了"爱"的行为，那一定是"权力"开始支配亲子关系了。摆脱来自亲子权力的操控，不是用"权力"对抗。

在亲子社交关系中，信任和权力会一直存在。信任和关心，滋养亲子感情；权力会干涉和支配对方，破坏信任与情感。了解社交中的信任和权力，让爱更多地体现关怀和信任，回避爱的权力对人们的支配。

如何培养出有勇气的孩子？

一个人为什么会勇敢？如果我们知道答案，我们就可以培育出勇敢的孩子。

【背水一战】

公元前 207 年，刘邦和项羽灭秦。之后刘邦和项羽两大集团为争夺政权而发生大规模战争。公元前 204 年，为了进一步击垮项羽在国内的割据势力，韩信是在获得刘邦的允许后，在井陉口一带和赵军交战，成就了著名的以少胜多的战役。这是著名的井陉之战，"背水一战"的成语就出自这个典故。

当时，韩信手里只有 3 万多人，对面赵王歇亲自率领 20 多万赵军。韩信做了一个互为犄角的三角布阵。他将仅有的 3 万人马分成三个部分。

第一部分，韩信派出 2 千名轻骑兵，半夜由偏僻小路悄悄渡河，迂回到赵军大营侧翼，在赵军大营北边的山上埋伏。

紧接着，韩信派出了 1 万人先锋的先头部队，越过井陉口，过河至河东岸，背靠河水布阵，也就是背水列阵。背水列阵，为兵法所忌，会使得背水的士兵孤立无援，无处可退。

韩信也知道这个兵法忌讳。为了不使 1 万先锋处在孤立无援的境地，韩信安排另外 2 万主力在河西岸边列阵，由他自己亲自压阵。

三个战斗部的汉军都非常清楚此次布阵，以及相互间的支持关系。各战斗分部相互支持，在心理上整合为一个战斗群体。

天亮之后，韩信亲自带领主力 2 万人渡过河，但这 2 万人并没有与那 1 万人的先头部队会合，而是继续前进，到赵军的大营前列阵求战。于是，赵军出营攻击。

按计划，韩信的2万兵马当然打不过赵军20万人，两军相交，韩信就佯装战败。且战且退的大部队当然知道他们身后还有1万先头部队，和北面山上的奇兵。

赵王歇误以为汉军真的打了败仗，于是全军出击，企图一举全歼汉军。

此时，先前的1万先锋部队以逸待劳，加入战斗，抑制了赵军的凶猛攻势。几乎同时，在北山上埋伏的两千汉军，也趁机杀入赵军空虚的大本营，制造赵王被俘的声势。

看到大本营插满汉军的红旗，赵军上下顿时惊恐大乱，纷纷逃散。赵军溃乱，被汉军追上，结果全部就歼，赵王歇被俘，战役结束。

井陉之战中，背水列阵，虽是兵家大忌，但是，由于各个战斗部的相互介入和支持，鼓舞了每个士兵的气势，反而让各个战斗部都展现出了强大的战斗力，完成了以少胜多的战役。

【为什么可以以少胜多？】

为什么韩信的部队人数有劣势，但还是发挥出强大的战斗力呢？

在井陉之战中，韩信的三个分部，相互支持，形成一个有层次互为支撑的战斗整体。韩信在排兵布阵时，将三个战斗分部，在关系上相互介入，在行动中又相互支援。当一方确信自己的行动有其他部队的支持时，团队的士气被激发出来，从而使三个部队相互从对方的支持中获得额外的战斗力。

在中国共产党领导的红军时期，以及解放战争时期，都有许多著名的以少胜多的战役，其中最著名的要数淮海战役。当时，中国人民解放军以60万的兵力歼灭国民党80万军队，创造了中外战争史上的奇迹。井陉之战和淮河战役都有一个共同的特点，就是"围歼打援"。"围歼打援"的战术，与井陉之战一样，多个分部之间相互形成支援的信任，让各个分部的战士觉得自己不是孤军作战。

【士气是什么?】

士气就是来源于人与人之间的相互支持,团队与团队之间的相互支持。一个士气高昂的人,不是因为他自己的力量有多么强大,而是当他获知到有比自己更大的力量支撑他的行动时,他才会展现出平日里看不到的勇气。

一个团队要提高士气,领导者的意志力是团队其他成员的支撑力之一,他还要以号召性的言语和肢体动作,以及一系列具体的行动,让成员确信团队得到领导层的全力支持团队。这还不够。一个复杂的任务,比如上面提到的战役之中,需要进行任务分解,构建几个专业团队,团队之间有明确的协作点和目标支撑。

【自信的孩子】

"我们家的孩子就是胆子小。"当你听到一位妈妈这样评价自己的孩子时,你能感受到什么?

父母是否给予了孩子信任,协助和鼓励,让孩子知道他可以勇敢地做他想做的事,即便他失败了,还有父母在背后支持他。他不会因为做错了,或者没有做好,而感到失去力量。

让一个孩子拥有对探索新知识的勇气,不是因为孩子自己有超过其他人的能力。孩子的勇气和士气,是来自他信赖的人在他身旁支持他、鼓励他,为他提供信念和实际的物质帮助。

一个成绩下降的孩子正在考验他的父母,是继续让孩子在失败的沼泽里挣扎,还是给予他战胜失败的支持,让孩子知道他总是有人支持他,他不会失去存在的力量。

如何给一个疲于高考复习的学生打气?在面对高考这样的重大任务时,

学生的士气和学习劲头，不仅需要学生自身的内在驱动力。学校老师的严格要求、家长对孩子衣食住行的关心和积极的心理支持和鼓励，以及减少父母们自己的焦虑情绪的输出，都会给孩子有力的支持。

勇气和自信可以让弱小者变得强大。拳击手泰森的个头不高，也并非那种身材魁梧的运动员，但他的目光坚定，动作规范，拳头有力，面对他强大的魄力和重拳，对手在场上常常下意识地逃避。

当一个人具备自身的行动能力，并且有了他人的支持，就会变得更加强大。

情绪反映了你的得失

【为什么愤怒?】

一位心理咨询师回忆早年发生的一件事,让她对情绪有了不同的看法。

一天早上,她女儿出门去学校时,她让女儿带雨伞,后来女儿淋湿了回家,她就怒不可遏地批评女儿,"不是跟你说,让你带上雨伞,你怎么就不听我的话"。女儿也知道是自己的不对,默默接受母亲的责骂,回自己房间去了。

当天,她的一位朋友来她家,临走时,也对她说,"哎呀,我忘带伞了。"这位母亲非常热情地回答说,"没关系,我这里有,你先拿去用。"

她后来回想,为什么同样是"忘带雨伞",她对朋友的态度如此友善,情绪稳定,而对自己的女儿,她却愤怒地斥责。

忘带雨伞,父母为什么如此愤怒?

类似的事,还真不少。

孩子上学,班主任发微信来说,你们家的孩子今天又没带作业,是真的忘了,还是昨天没做啊。看到这条微信,妈妈的愤怒像火山一样"腾"地就爆发了,等孩子回家,就是一顿责骂,情急之下还会补上一句,"你是不是骗老师没带作业?"

如果孩子学习成绩不好了,可能是在班里垫底,也可能仅仅是从前10名下滑到了20名,父母的情绪就会发生巨大的起伏。紧张、焦虑,甚至恐惧会让父母的行为发生变形,不再是平时那个有爱的父母了。

一个顽皮的小男孩,玩耍时打碎了桌上的饭碗,碗的碎片散落在厨房的地面上,在客厅打电脑的父亲抬头看了一眼,继续做自己的事。母亲跑进厨房，见到这场景，对孩子就是一顿责骂，母亲趴在地上一边收拾碎瓷片，一边气愤地骂着孩子。

为什么对父母亲对这个事件的情绪反应不同呢？

【情绪理论的解释】

情绪理论会解释这些现象。

"詹姆斯-兰格情绪理论"和"坎农-巴德理论"都认为，情绪与人受到的刺激有关，刺激会唤醒人的情绪反应。刺激因素很好理解，人通过视听嗅味触五种感觉系统接受外部刺激，激发杏仁核的情绪反应。上面的妈妈看到满地的碎瓷片就条件反射式的怒不可遏。

拉扎勒斯的"认知-评价理论"和情绪认知理论都认为，人的情绪反应与人对现象或刺激的"感知评价"和认知有关。爸爸看到上面的情形，默不作声，在他看来，孩子顽皮再正常不过了。他对满地碎瓷片的感知评价是"没什么大惊小怪的"。

显然，人的情绪可以通过上面两种通道被激发、唤醒。情绪可以突然爆发，也可以被认知系统捕捉而被管制。

于是，我们可以如下面这样来应对这些负面情绪和情感。

精神分析流派的心理学家说，把你的痛苦和烦恼说出来，是不是在你的童年成长过程中，自己的情感发展被"固着"在了口唇期，是力比多的困扰，让你至今无法摆脱这种心理压抑，不得不用责骂的方式来表达你被压抑的情绪和情感。

情绪认知流派的心理咨询师会说，你看，你需要发现你的不合理的信念，比如，你认为孩子总是给你添麻烦，你的麻烦都是因为孩子的顽皮所致，如果你改变了"总是"的绝对化看法，你会发现，"孩子打碎饭碗，是因为某个偶然的因素引起的，并非孩子天生顽劣"。这样，你的情绪就会得到控制了。

行为认知疗法的咨询师说："啥也别说了，干吧。把你的情绪设为10个等级，逐步训练自己让自己获得习得性的情绪反应。"

【用社交思维看情绪】

当我们用社交思维去看待我们自己或他人的情绪和情感时，情绪和情感无一例外地都反映了得失。人们真正能够理解的情绪只是自己的情绪。孩子的错误行为影响到父母的并非是父母的情绪，而是父母的利益得失。

打碎饭碗，会让妈妈唠叨一个下午，但是这不是因为孩子犯了错，妈妈的愤怒只和她自己的利益损失有关。妈妈可能会为这只200块买来的网红饭碗心疼不已，或者也可能因为要花费额外的一小时来收拾厨房而愤怒不已，这也可能耽误了她准备第二天的汇报方案。这些是妈妈自己的损失，而不是孩子的损失。

忘带雨伞，母亲很愤怒，也因为是妈妈有了损失。可能是这位母亲感知到自己的权威没有得到尊重，也可能是妈妈对孩子丢三落四的行为感到担忧，也可能是母亲感觉到自己对孩子的管控失效了，孩子不再完全听自己的话了。那怎么办？"我要重新夺回家庭控制权，你要听我的。你若不听，我就要行使我的父母权力。"在"社交行为"中，愤怒是一种展现力量和权力的方式。

父母打骂忘带作业的孩子，很可能是觉得自己在班主任那里丢了脸面，"让外人看不起"。父母丢了颜面。

事实上，相比精神分析法或情绪认知疗法，我们只需观察自己的社会交往行为。在社交过程中，得到总是会让人们感到情绪高涨，而失去总是会让人感到情绪低落。情绪并非一种生理反应，情绪是人们社交的得与失的计量器，得到的越多，我们越高兴，失去的越多，我们就越受打击。

【如何看待情绪?】

总之,孩子的行为"动了妈妈的奶酪",怎么办?只要丢失了东西,人们总是会想办法找回来。再不济,也会像阿 Q 那样,在精神上立于不败的姿态。

改变父母情绪的方式就是让父母的损失得到补偿。母亲选择的补偿就是责骂孩子。如果用"社交边界"的方法,我们可以让母亲事先设立 1 万元的损失边界,那么200 元的损失也不会引起母亲极大的愤怒。

这些就是我们在社交思维下有关情绪事件的建议。

【社交不仅仅是沟通】

我们这里说的社交,并不是狭隘地指语言的交流和沟通,社交也不是一种沟通技术。在社交行为理论中,语言不是社交,只是社交的一个工具。人们学习沟通技巧、语言技术不是为了让自己的语言本身变得多么重要,而是希望通过语言技巧来操控与他人的社交行为,从而让自己在情感上获得喜欢,在地位上获得尊重,在财富上获得更高收益。

社交是一种资源交换的互动行为,包括语言沟通行为,也是我们的社交技能的一部分。

我们通过了解社交行为,帮助大家用社交思维来看待自己的家庭,看待家庭成员,尤其是亲子间的行为,如果有幸,希望能够帮助一个家庭重塑家庭社交的行为和氛围。

当然,一旦你学会并领悟了社交思维的核心,你还可能触类旁通,在你的工作、事业、交友,以及人生等方面,都为自己带来积极的意义。减少自己的利益损失,同时,还能够消解"损失厌恶"下一些不必要的情绪困扰,这些都会让你和你的家人感受到人生的幸福和快乐。

家庭暴力的社交困境

2011 年 8 月底，疯狂英语创始人李阳的妻子李金在微博上公开曝光李阳对她实施家庭暴力，并诉至法院。在 2013 年，法院认定李阳家庭暴力行为成立，准予李阳和妻子李金离婚，李阳向李金支付精神损害抚慰金 5 万元、财产折价款 1 200 万元。

另据法新社报道，2018 年，有 116 名女性被她们的前任或现任伴侣杀害。平均下来，在法国，每三天就有一名女性被前任或现任伴侣杀害，此外每年有 22 万女性在婚姻关系中遭受暴力。为此，政府将专门拨出 3.6 亿欧元用于打击家庭暴力。

【家暴行为的社交逻辑】

"家庭暴力"发生在家庭成员之间，以殴打、捆绑、禁闭、残害或者其他手段对家庭成员从身体、心理、性等方面进行伤害和摧残。父母对子女或者对自己的亲兄弟姐妹的伤害，也是家庭暴力。

在社交思维下看，家庭暴力就是对家庭内部所有权不清晰的资源的争夺。

这里的资源，既包括有形的资产，比如存款、股票等，也包括无形的资源，比如情感、尊严、时间，甚至健康和生命。夫妻之间常常争夺的一个资源是丈夫或妻子待在家里的时间，即争夺分配给夫妻或相互陪伴的时间。

【为什么说家暴行为与家庭资源有关?】

在社交视角中，家庭暴力也有它内在的社交逻辑，这包含以下三个方面的内容：

第一，家庭的社交行为是围绕家庭资源来组织和管理的。

家庭中的冲突和矛盾，是在如何使用家庭资源的认识不一致的情况下，逐步升级发生的。家庭矛盾、家庭冲突的核心，是围绕家庭资源的争夺。

第二，在家庭矛盾和冲突中，会发生夫妻关系降格到普通人关系。

当家庭关系不能保障家庭资源的使用一致时，夫妻间的社交关系就会逐步从"亲密关系"降格到"普通"个人关系，这是对亲密关系的降格。双方的信任关系下降，从夫妻关系变为普通人关系，从信任关系变为竞争关系。

第三，家暴的行为是对抗的、利己的。

对家庭资源的分配和使用，双方不再采取社交互利的方式，而是对既有资源的争夺。双方都希望通过使用社交中的不对称权力，威胁和制约对方。

【利益与关系不对等】

社交权力暗示一个重要的社交逻辑，就是"利益与关系对等"。

什么是"利益与关系对等"？一个自然的利益对等关系是指利益紧密的各方关系紧密，人之间更加信任；而与利益无关的各方关系疏远，会发生权力对抗。利益和关系不对等时，会引发权力冲突和暴力。社交过程中的冲突，也与"利益与关系不对等"有关。

家庭冲突发展到家庭暴力，暗示了家庭资源的所有权与家庭成员关系的不对等。所以，发生冲突的夫妻所面临的困境，要远大于两个陌生人之间偶发的矛盾或冲突。

在家庭冲突中，夫妻双方其实是面临四个方面的困境。夫妻矛盾或冲突，常常是因为无法解决所面临的这四个社交困境。

【夫妻面临的四个社交困境】

困境 1: 夫妻关系降格为普通个人关系。

当家庭关系无法保护家庭成员和家庭资源时，夫妻关系就会逐步从"亲密关系"降格到"普通"个人关系，这是对亲密关系的降格，而形成一个"后夫妻关系"。

当家庭关系瓦解或濒临瓦解时，夫妻关系也会进入两个类普通人的社交关系。有的夫妻会考虑到双方长期的相处关系，而有较多的情感考虑，尽可能降低双方的"后夫妻关系"，在后续交往中对抗。所以，我们不能再用"夫妻关系"来考察他们之间的社交行为。

家庭亲密关系的降格，是亲密关系在强烈的利益联结且冲突下的心理错位，是家庭冲突比同事冲突更加严重的根源。家庭冲突会把两性关系或家庭关系降格到更疏远型的普通人际关系形态，比陌生人关系更糟糕，"利益与关系"不对等的认知失调，又进一步扩大了发生在家庭冲突中的损人利己和损人不利己的行为，在极端情况时，会造成在陌生人之间都不会发生的严重伤害。

扭曲的夫妻关系，扭曲的"利益与关系"，这两点是家庭成员之间的冲突和相互伤害，异常强烈的缘由。

困境 2: 对家庭资源所有权的认知不清，引发争夺家庭资源的使用。

并非所有投入到家庭的资源是家庭共有的，夫妻关系中的资源很多仍然是个人独立所有的，但是，人们有时会理不清这些资源的所有权关系。比如，生命和健康是个人所有的，人格和尊严是不能被他人剥夺的，一个人的情感也是个人所有的。

在两个普通人之间的社交中，双方的资源所有权是清晰的。我的时间、我的资金、我的行动或者我的情感，都是我个人的，未获得我的同意，他人没有权利使用和占有我的这些资源，也不得强行剥夺我的资源。双方只有在达成了社交共识后，才能够依法获得分享或交换的资源。如果无法达成社交共识，社交中止，双方的资源仍然归个人所有，通常也不会导致双方的激烈冲突。

对于一对夫妻和家庭来说，家庭的资源归属可能并没有那么清晰。在家庭关系组建，家庭资源融合的过程中，家庭资源的共享使用、互利奉献，是常见的共同体行为。

双方在夫妻关系和家庭关系的社交过程中，投入资源，在一个相当长期的过程后，已经很难厘清双方投入了多少资源，包括双方投入的时间资源、情感资源、财产资源或者人格自尊等。

因为性别差异也体现在对家庭资源的投入类型不同。在中国社会，男性可能会投入较多的物质资源，而女性会投入较多的家庭事务时间。女性为生育和抚养孩子，也会牺牲自己的青春价值。从择偶的眼光来看，女性在年轻时的个人青春资源价值，通常高于年长女性资源价值，而男性可能正好相反。所以，人们也会认为，女性的青春资源也是家庭资源投入的一部分。

家庭组建后，这些已经投入的资源如何划分，归属于谁，以及个人的时间、行动自由以及情感等是否是独立的，还是属于家庭资源的一部分，都有不同的看法和观念。不同的人对资源的分配，有不同的价值和评价体系，也很难厘清双方的家庭资源的所有权问题。

无法厘清家庭资源的所有权，或者无法对资源所有权达成一致的认识，是夫妻双方发生家庭冲突和暴力的导火索。

困境 3：冲突减少了未来继续社交的可能性，增大了社交利己动机。

夫妻双方发生严重冲突时，很难相信他们之间未来的交往会是和谐、愉快的。

博弈论研究发现，否定后续社交会加大社交背叛和对抗的可能和强度。在任何社交中，如果一方认为或者选择不再与对方有后续的交往，人们就会在此次社交中尽可能地扩大自身的利益，而不会过多顾及对方的利益。相反，当人们认识到还存在后续的社交机会和为了收益时，社交双方会更积极地考虑满足对方的利益诉求。

发生冲突的家庭，夫妻双方可能会减少或否定未来的社交重复性，在这种情形中，夫妻双方也会追求扩大自身的当下利益，而不会维护所谓的共同利益，他们极可能做出损人利己的行为。

所以，末路夫妻之间的交互行为，可能比普通人更加利己，更加具有冲突性、更加强烈。对他们来说，很可能双方今生不会再来往了。

困境 4：　家庭关系缺乏社会可见性，　暴力无法得到社会的抑制。

"清官难断家务事"，中国人自古有"家丑不外扬"的观点，人们把家庭的事务视为私密的事。在中国传统社会中，家庭事务常常由宗族社会在自家的地头上解决。

心理学研究发现，社交行为发生合作的一个条件，就是社交参与者及其行为可以较为容易地、清晰地被识别。就是说，监督下的社交倾向于合作。

当社交当事人及其行为，被更多人看到，或存在广泛的监督的情形时，人们的社交行为会更加倾向于对等和公正。这就是说，社交行为的有效性与它的公众曝光度正相关，越是人多的情形，人的合作意愿更强，利他意愿越强烈。相反，在匿名的社交关系中，社交双方最可能采取扩大自身利益，而不顾及对方的损失和伤害。

把夫妻关系和家庭关系认定为是隐私的、个人的事件和行为，会容易地引发家庭暴力。家庭关系缺乏社会可见性，当家庭成员自己，或者社会大众，都认为家庭和夫妻行为是家庭的私事，法律和社会道德的压力，就可能减轻施暴者的施暴压力和负罪感。

家庭关系被视为一种私人关系，这使得家庭环境中的行为，在人们的意识上，放松了来自社会道德和规范的制约，使得家庭冲突有时会显得更加自私和利己。

【避免家庭冲突的四个建议】

1）选择信任，　而不是权力

在家庭关系和夫妻关系中，选择信任，而不是权力。

家庭关系和夫妻关系，从互利和融合，走向冲突和对抗，也是双方的社交关系从信任和情感，走向权力和利益的过程。

选择权力，会引起冲突和暴力。家庭暴力者，在家庭关系和夫妻关系中，选择了权力，放弃了信任，选择了利己，放弃了利他。夫妻之间所要做的，就是让家庭关系保持在信任和情感的社交线路上，而避免依靠资源和权力来支配他人。

2）尊重和宽容

尊重个体独立和个体自由。

尊重，是夫妻关系中最基本，也是最重要的价值观，也是夫妻组建家庭时的共识。夫妻关系的形成，源自两个独立个体之间的甘愿牺牲的精神和利他行为，由爱情关系发展，组建家庭，并形成家庭关系，是夫妻双方为之奉献的结果。尊重对方，保持双方的独立和自愿加入家庭的社交自由。在任何时候，没有任何理由，可以否定个体的独立和自由。

宽容，是化解社交关系紧张的办法。在博弈论研究中，就发现，具备"宽容"的社交策略是最容易使策略者成功，也是最具生存力的演化策略。宽容，是一种社交付出，它体现了宽容者的信任能力。

3）利他是最好的策略

摆脱利己的心态。明确认识到"社交是互利的"。如果我们用利己的心态，来要求他人对自己的无偿付出或者要求额外的补偿，那么我们也会在未来的社交行为中，为此支付相应的成本。

利他行为被证明是社交行为中最好的策略，它可以为使用它的人带来长期的个人利益，也同样会由他人，为我们带来未来收益，这是利他行为的实现个人利益的前提，是我们作为社会人应该具有的更广阔的社交视野。

坚持利他，感恩家庭和亲人曾经作出的贡献和回馈。

4）遵从资源所有权

学习理解并尊重他人的资源所有权，了解哪些资源是属于自己的，哪些是家庭共有的资源。相比财产的所有权归属，时间、生命和情感这些资源必定是归属一个人自己所有，遵从资源所有权，首先要尊重夫妻对方的时间、生命和情感的选择和分配权利。只有尊重这些所有权，后续才能够仔细理性地谈判资产所有权如何归属。

在一段夫妻关系的结束或一段家庭关系的瓦解之后，即便你对它投入所有的个人资源，也不会是你人生的全部损失，因为你还有时间、生命和情感，以及你的自由能力，更何况夫妻两人从一场爱情和婚姻关系中，已经获得了的信任能力，发现的自我价值。

幸福从哪里来？

【感官剥夺实验】

1954 年，加拿大的麦克吉尔大学实验室中进行了一次著名的感官剥夺实验。实验过程很简单，受聘的大学生被试只需在一间特制的房间内待上三天，实验要求躺在床上，但是，会尽量限制让被试的五感感受到刺激。

实验过程中，被试出现了明显的生理变化，有人感到恶心反胃，活动严重失调，有的人还出现了幻觉。这种情况还会在实验后的两到三天出现。那些中途终止实验提前离开的人，也大都感到焦躁不安，他们的注意力发生涣散，思维易受干扰，无法像常人一样地思考。

在一个被剥夺了社交和感受的环境中，很难想象一个人如何可以成为一个真正的人，他的幸福感和优越感又会因何而发生。

良好的幸福感，是让人即便是独处时，也能感受到被爱、被关怀、被需要、被信任，能够保持平静而稳定的情绪和情感。一个人即便独处，在心理上和精神上，仍然可以依靠稳定的人际联络，能够感受到安全感。

【孤独症与幸福】

如果一个人可以自我关怀的，无须外人的关怀，无须保持与外人有良好的联系，是否也能够收获幸福呢？这就好像是一个孤独症的人，他是如何感受幸福的呢？

一部 NHK 的纪录片，叫做《自闭症少年的内心世界》，记录了一个重度孤独症少年曾写下一本书来表达自己对事物的想法的事。孤独症患者在很大的时间范畴里可以不与外界进行交流和社交。其实，一部分患有自闭症的人是理解周围发生的事情的，但是由于大脑里连接语言理解和语言表达的桥梁——弓状束出了问题，他们没法控制自己的言行，没法表达自己的想法，所以他们会活得很痛苦，就像是被关在透明的玻璃墙里看这个世界，虽然他们能看到周围发生的事情，但他们的声音无法传递给别人，别人也无法理解他们的想法。那个少年说自己最怕的事物就是他人异样的目光，会感到内心一阵刺痛，所以他会避免与人对视。他害怕的就是被排斥在社交之外的恐惧。

【社交与幸福】

一个人乘坐飞机，头等舱和经济舱的区别，除了座位空间的大小不同，还有来自乘务员更尽心的无微不至的关心和服务的差异，人们并非因为座位的大小而感受到幸福，一个人幸福的感受是来自乘务员温和的语调，真诚的微笑和悉心周到的服务。

一个苦读三年的高中生考上名牌大学，他的喜悦并不是因为赢得竞争的胜利，是来自父母、同学、朋友和老师的鼓励和赞美，还有社会文化的认同。如果没有人赞美他，没有人羡慕他，人们对他的成功态度冷漠，他的幸福感也不会油然而生。学习和教育，在社会关系中，也具有社交属性。

一个孩童所获得的幸福感，也与他的家庭和父母的关爱直接有关。父母保证孩子的衣食住行的安全，让孩子感到舒适，或者对其错误进行惩罚和纠正，都在表达父母对他的成长的支持。而一个失去父母关爱的孩子会有更多的不安全感，相比于被关爱的孩子，他们缺乏应有的幸福感和优越感。这与孩子的父母拥有多少物质财富没有直接关系，而与父母在亲子社交关系中为孩子的付出多少有关。

在孤岛生存几十年的鲁滨逊，时刻在想办法回归人类社会。对社会和文化的归属，是一个人获得幸福感的重要内容。当我们认为一个人的行动价值和意义体现为对社会归属的需要，那么幸福将源于社交关系。

这就是说，幸福感来自他人对待自己的态度、方式和过程，而不是自己拥有的财产和权力本身。财产和权力，最终需要转化为他人如何对待我们——当财富和权力转换为我们提供的关心、支持或者商业性的服务等社交关系时，我们才能感受到幸福感，或者竞争价值链下的优越感。幸福感来自他人对我们的关怀和信任，优越感来自他人对我们的服从和重视。幸福是社交的结果。

夫妻关系是一种社交关系，只有相互扶持，相互关心，相互付出，夫妻俩就会感受到幸福，幸福不在于物质财富的多寡。年轻的夫妇没有多少社会资源，两个年轻人为生活和事业打拼，相互扶持，不需要太多的财富权势来支撑夫妻间的糟糠之爱。而一旦收入增加，财富激增，事业发展，夫妻之间却常常会出现裂痕，夫妻关系也会面临挑战，家庭幸福以及个人幸福都陷入困境。一些事业成功的夫妇，身价亿万，却相互攻击。在达到一定的成功目标之后，有些人会大肆挥霍财富。你看，财富本身并不能带来幸福感，因为财富只有参与社交关系，才能从与他人的社交关系中，为我们带来竞争后的优越感和被信任的幸福感。

【在社交中有收获】

在社交关系中，人们不仅会感受到幸福，还会感受到痛苦。人们会因为成功和满足而感到幸福，也会因失败和失去而感到痛苦。

一个人感到幸福和快乐的时刻很多。当一个人在底层驱动力上获得利益，比如，一个人饥饿时，让他吃饱饭，他就会觉得非常幸福。一个人口渴时，有足够的水喝，他就会感到很幸福。生理需求上的收益，满足了一个人的生存需要。当我们无法及时获得生理的满足时，沮丧和痛苦的感受就会代替幸福。

一个人当然也能够在社会驱动力——文化归属上获得收益而感到幸福。比如，一个运动员会因为在竞技场中战胜了对手获得冠军，而感到兴奋和幸福。一个商人会因为拿到了一个大订单而感到幸福。一个员工因自己的工作，得到领导或权威的赞许和奖励，他就会感到很快乐。当一个人得到了伴侣的青睐，他/她就会感到幸福无比。还有人，因为能够帮助到需要帮助的人，他/她就会感到快乐和幸福，并获得自我价值感的实现的满足感。一个人归属于某个社会或文化，他会从与他人合作中得到来自他人的协助，而收获更多的收益。相反，如果一个商人失去一个大订单，一个人失去深爱的伴侣，或者一个老人倒地无助，他们会因为没有获得而感到伤心难过。

从这个的意义上来说，人的幸福感确实是从社交上获益来达成的。

在社交关系中，人可以拥有生命与健康，财产与地位，情感与道德以及自我价值这四种社交资源。在任何一个社交资源上获得收益，都会使人感受到满足和幸福。

商人可以通过交易来获得财富，通过获得、占有财富而感受到自己的人生与价值和幸福感。父母在为孩子的付出时间、精力、金钱，甚至自己的生命中获得爱的情感。拥有健康的身体，拥有健康的生命体，拥有卫生的生活环境，可以吃到美味的佳肴，在口渴的时候可以喝到清洁的水，这些都会使我们的生命体感受到幸福和愉快。

我们还常常通过自身的努力来获得个人的成就，通过获得成就感来确立自己的价值意义以及幸福感。比如你可以读书，从读书中获得心灵幸福体验。如果你是一名运动员，你可以通过刻苦的训练，从而提升自己的竞技水平，从提升的竞技水平中获得幸福感和满足感。

相反，抑郁症患者感受不到快乐幸福，感受不到人生的意义，他们让自己从社交关系中退出，因无法从获得社交关系中收获相应的资源，退出社交关系，既不能让他们自己获得幸福感和生命的意义，也无法让他们从"给予他人"中而感受到幸福和为人的意义。

焦虑症患者也遇到类似的状况。一个严重的焦虑者会出现严重的思维下降，行动萎缩，总是徘徊在对可能性的焦虑中，而无法找到解决问题的行动。有效的思考和行动能力的下降，导致焦虑症患者，丧失了在社交中寻求帮助和解决问题的机会。

焦虑和抑郁无法让人们感受到幸福。焦虑和抑郁会抑制人们的行动，降低了他们从社交关系中获得收益的能力，并最终抑制了人们从社交行为中完成任务，获得自我价值的认同。

【行动产生价值】

研究复杂系统的科学家发现，单个蚂蚁几乎没有视力，也几乎没有什么智力，但是一个蚁群却可以保持一致的行动，它们遇到沟壑或水面，会用身体搭建起长长的蚁桥，让蚂蚁大军通过。它们还建造了极其复杂的蚁穴，蚁穴内部四通八达，干湿分离，有储藏室、育婴室，还有蚁后逃生的通道，它们还会使用腐烂的植物来维持蚁穴的温度。一个蚁群没有指挥官，却完成了一个高智能生物才能完成的任务，一群蚂蚁却构建出了一个"集体智能"的整体。通过对蚂蚁这类社会性昆虫群落的行为研究，科学家们惊叹，所谓的"智能"和"意识"是完全可以从不具有智能和意识的物质和行动个体中"涌现"出来的。

在类似蚂蚁群落这样没有高等级智慧的群体中，只有行动才会构建起一个"集体智能"。对具有高等级智慧的人类来说，也是如此。在面对更加复杂的人类社会群体时，如果缺少每一个人的具体的行动，人类社会也无法展现出如此多样绚丽的创造力。

ACT疗法的创建人，心理学家海斯教授认为，"价值，不是物质化的，而是一种语言与相关的持续过程。……承诺行为是价值的延伸。"但是，"价值或许永远都不可能作为目标来实现，但与价值一致的，具体的目标是可以通过行动达到的。"

没有行动就不会有价值，不会产生价值，价值是行动的结果，当行动完成时，价值就会确定。

在社会关系中，价值体现在社交行动中。和信任一样，生命、情感、财富以及自我的价值和意义是一个人的社交行动的收益和结果。在社会关系和活动中，行动之外不会产生价值，资源离开了行动或交换行为也不会产生价值。这是从社交的视角来看，社交使得资源流向高估值的应用环境，只有社交行为才会产生价值。

当行动即价值，价值产生意义，那么一种意义就根植于行动本身。而行动也只有利己或利他的选择，于是，意义也产生于这种选择或动机中。纯粹的道德应当不以他人为手段，那么，纯粹的意义不应以他人为手段。当以他人为目的时，利他主义就是行动产生意义的全部内容。当一个人以此为意义，那么他就归属于人类社会，如果他以利己为目的，以他人为手段，他就归属于他自己，而无法产生被社会认同的意义。

【获得幸福】

获得幸福离不开对社交的积极参与，只有在社交关系中，人们才能收获资源，产生幸福。人类的任何社会行为都离不开与他人交往。与人交往是一个会同时产生信任和权力的社交行为。

利他和分享利益永远是幸福交往的第一步。友好与情感，基于沟通双方的信任能力。信任能力越强的沟通者，也越具有友好性，也就越能够让人亲近。与信任能力强大的人沟通，是因为对方实现信任的行动。示弱或道歉也会赢得社会道德的资源支持。而情绪化则是非利他的行为；无法控制的情绪和冲动，会降低一个人的可信度，隐含地在告诉他人"你的个人能力不足"。

所有社交行为的开启，都是因为人们愿意付出自己的资源，而拥有资源是交往的核心要素是沟通的前提。资源不足或者不具备资源优势，沟通就不会顺利。沟通中资源多的一方，将会有权力支配或要求对方满足本方的诉求。如果个体的资源有限，可以通过加入某个群体，并利用群体的资源作为自己的资源，来对抗自己在社交过程中的资源匮乏。

在社交关系中，相应的资源需求越多，对方的社交权力就会相应地放大。但是，权力是利己的、非信任的，所以，不能给我们带来真正的幸福。我们需要小心使用权力，权力会让我们的信任贬值，同时，权力还会激起更有力的权力的对抗。在任何有效的沟通中，权力从来没有为人们带来真正的幸福感。

一次有效的交往和沟通，源自我们真正洞察社交的内在结构和发生逻辑，并遵循社交的内在规律，一个拥有优势资源，具备强大的信任能力，又小心使用权力的人，一定是一个值得交往的人。

寻找人生的意义

哲学家周国平说，人生是一个爱而不得的女人。

对一个人来说，人总会面临死亡，生命总会消失消散，这就是人生的悲剧，人的悲剧。而尼采不能接受这个悲剧，他要反抗这个无意义的人生，他不愿让自己沦为平庸，他需要活出人生的意义，他需要成为"超人"。周国平认为，对这个"超越"的追求，尼采是认真的，真诚的，他为此付出了代价——尼采疯了。

周国平在讲述叔本华的《作为意志和表象的世界》和尼采《悲剧的诞生》时，他也认为"人生是没有意义的"，但是，他又认为人可以在寻求意义的过程中创造意义，这就是人生的意义。就如尼采在《悲剧的诞生》中发现的那样，一个个体在追求小我的意义上总是悲剧的，因为一个具体的个体总是会消亡，总是会碰到挫折，一个个体本身是没有意义的。但是，如果从一个宇宙的视角去看一个个体的诞生和他的消亡，就显得有意义了，因为每一个个体都是宇宙这个舞台的经历者、表演者，它们使得这个舞台变得丰富而有内容，他认为，这是上帝在进行的一场戏剧，人生的意义就体现为这场戏剧的艺术性。

【什么是人的意义？】

从最小颗粒度的社交行为中，我们可以观察到，社交追求对个人需求的满足，从人的生理感受来说，这种满足是快乐的、舒适的。从社交视角来看，意义可以理解为一种非痛苦的状态，只当人的存在能表达为一个非痛苦的状态时，那么我们说人生具有意义。

当一个人的资源被掠夺时，他就会陷入不幸的感受和情感中，当他的资源总是被掠夺时，他就会感到自己的人生总是处在痛苦和悲伤等负面状态下，我们很难认为他会将自己的痛苦悲伤的一生定位为"有意义"的人生，除非他以此获得了什么，比如尊严或对信仰价值的坚持。如果这种痛苦的人生存在的形态并不能为人所接受，那么，这种人生的存在形态也不能称为人生应该具有的意义。

在社交思维下，对一个人来说，意义总是那些痛苦之外收获的某些东西，比如舒适、快乐或美好。我们就可以仔细地观察人生的意义，它的内涵是以人作为对象并处在快乐和收益中，即人只有在自身感受到获得收获资源，比如说保障生命的续存和健康，收获情感依恋或财富，获得精神上的自我价值的认同时，我们才可以说这是这个人的人生意义。

问题在于，虽然一个人在一生中可以获得很多的资源，比如说健康的身体，丰富的情感，美好的生活，以及巨大的财富，但是人总是会死亡的，而死亡却会将人生的这些所有收获一并了结，人的死亡会带走人在生前获得的所有财富、荣誉和价值的积累，包括生命。因为死亡，这样的人生也没有了意义。所有的努力，所有的收获都在死亡的那一刻一笔勾销。

【凭什么活着？】

叔本华发展出的悲观主义哲学，彻底否定了人生是有意义的。

在社交中，我们看到的也是如此，一个人通过社交获得收益、资源或权力，在死亡面前都变得没有意义。问题是，我们还在这样活着。一种没有意义的存在却存在着。这显然是有逻辑悖论的。

为什么我们还存在着，凭什么活着，并且努力在追求这种存在，努力让自己活下去？

一个类似的问题是"一个卧床不起的老人为什么还活着？"同样，一个刚出生的婴儿，看似什么也干不了，而且需要耗费成年人大量的时间、精力甚至健康来照顾他，这个婴儿为什么还活着？

老人和婴儿不断消耗他人的资源，为什么他们还活着？他们必定以某种资源参与了社交行为，才让他们的子女或者父母如此全身心地关心和付出。这种资源是什么？

亚当·斯密在《道德情操论》中就谈到这一点，他说，人具有同情和理解他人的能力——同情心。让我们人类产生意义的正是因为同情心的存在。同情心让一个人获得人的价值和人生的意义。

人具有同情心，这是一个人与生俱来的能力，正是这种同情心使得人可以不依靠外部的评价，独立而有意义地存在。于是，人的存在就会因其固有的同情心而具有先验的价值，也就具有了先验的人生意义。如此，我们可以认为，人生的意义与生俱来，是一种天性。

【人生意义在哪里？】

"同情心"可以创造人与人之间连接，达成社交关系。

北大哲学系陈维纲教授认为，以色列宗教学家马丁·布伯在《我和你》一书中，阐明人生的价值"既不在人之外的宇宙中，又不存于主体内"，而是"价值呈现于关系"中。

如果是一个暮年的老人或者是卧床不起的母亲，尽管他们什么也做不了，但因为他们生而具有天然的同情心，使得他们会创造与子女或相关者的连接和关系。他的存在就是一种情感的存在，他得以维系老人与他们子女之间的情感连接，使得他的子女可以惦记他，关心他。这些看似无法再给子女更多关怀和帮助的老人或其他亲人朋友，正是因为曾经他们对子女的关心和付出，他们暮年的存在才会依旧延续着子女的情感连接。这些情感连接，既表达了子女对他们的爱，也连接着他们曾经对子女的以及现在对子女的爱。

当我们用同情心去与他人连接，用同情心去关怀他人，也用同情心去关心自己的时候，那么整个社会就显得生机勃勃，人的价值就体现了出来，人生的意义也就会体现出来。在社会交往层面，人的同情心可以通过爱的连接散播出去，而使得人们自身的价值和同情心被他人发现。

所以，当同情心是一个人固有的价值所在，而且它是一个人从诞生起既有的价值时，当人的同情心在社会上以爱与信任的方式发生连接的时候，那么，这个人就会通过这种爱的关系去表达自己的价值和意义，实现了自身的价值。

人的同情心如同美好的花朵一般为他人带来关怀和信任，人也因此具有了与生俱来的价值和意义。这样的人生就不会是没有意义的，而是自它诞生起就显示着人的价值和意义。

所以，一个婴儿的出生，就能显示他存在的意义，显示他存在的价值。如同一朵花的存在会给我们带来欢乐和轻松，孩子就像是一朵将要绽放的花朵，给我们带来了美好的情感。因为他的降生可以给父母和这个家庭带来欢乐、爱意和无条件的付出，让父母的同情心可以被发现并放大，也给人类带来后续的繁荣。

【超越死亡的方法】

我们可以发现，一个人可以从他的生命存在中体会到其价值，也会让我们在与其"相遇"而建立的关系中，发现他以及我们自己的价值和人生的意义。这就如马丁·布伯想说的那样，"人于关系中实现了超越"，通过与他人的连接、社交、支持和被支持，而超越个体的死亡，获得超越死亡的勇气。

正因为人具有同情心这个前提，它会赋予人生意义，而价值和意义也将在社交中完成。同情心可以让人们发现自己，发现他人，让人们能够发现自己并不孤单，发现人与人之间可以建立联系，可以相互支持，信任并建立起感情。由此我们也可以发现人生的意义并不在于某一具体的个体，而在于发现他人，并与他人建立联系。同情心使人们可以行动起来，不再只是为了衣食住行，可以使人的心灵和行为变得更加丰富。

　　同情心本身就彰显了一个人的存在价值。人通过自身具有的同情心与他人建立，明确自己的价值。同情心就是人的价值和人作为一个社会人存在的意义。人通过自身具有的同情心与他人建立连接，并在与他人的连接关系中获得自身的利益，发现自己生命的价值，发现人生的意义。

参考书目

1. 郑也夫，《信任论》，中信出版社，2015 年 10 月

2. 翟学伟，薛天山，《社会信任》，中国人民大学出版社，2014 年 7 月

3. 【美】弗朗西斯·福山，《信任》，广西师范大学出版社，2016 年 3 月

4. 【英】迈克尔·曼，《社会权力的来源》，上海人民出版社，2018 年 7 月

5. 【英】肯尼思·E·博尔丁，《权力的三张面孔》，经济科学出版社，2012 年 1 月

6. 【英】亚当·斯密，《道德情操论》，上海三联书店，2008 年 9 月

7. 【德】马克斯·韦伯，《新教伦理与资本主义精神》，江西人民出版社，2019 年 1 月

8. 【德】尤尔根·哈贝马斯，《交往行为理论》，上海人民出版社，2018 年 11 月

9. 【法】卢梭，《社会契约论》，武汉出版社，2018 年 6 月

10. 【美】迈克尔·桑德尔，《公正》，中信出版社，2011 年 5 月

11. 【美】戴维·迈尔斯，《心理学》，人民邮电出版社，2011 年 1 月

12. 【美】戴维·迈尔斯，《社会心理学》，人民邮电出版社，2011 年 1 月

13. 【美】戴维·巴斯，《进化心理学》，商务印书馆，2015 年 9 月

14. 【美】罗伯特·阿克塞尔罗德，《合作的进化》，上海人民出版社，2016 年 12 月

15. 【美】罗伯特·阿克塞尔罗德，《复杂的合作》，上海人民出版社，2017 年 1 月

16. 【英】理查德·道金斯，《自私的基因》，中信出版社，2012 年 9 月

17. 【美】罗伯特·赖特，《道德动物》，中信出版社，2014 年 1 月

18.【美】罗伊·F·鲍迈斯特，《部落动物》，机械工业出版社，2014 年 7 月

19.【美】迈克尔·托马塞洛，《人类沟通的起源》，商务印书馆，2018 年 7 月

20.【美】兰迪·班克罗夫特，《有一种伤害，以爱为名》，当代世界出版社，2015 年 2 月

21.【美】兰德尔·柯林斯，《暴力》，北京大学出版社，2016 年 1 月

22.【英】罗宾·邓巴，《大局观从何而来》，四川人民出版社，2019 年 6 月

23.【美】库兹韦尔，《奇点临近》，机械工业出版社，2011 年 10 月

24.【美】梅拉妮·米歇尔，《复杂》，湖南科学技术出版社，2018 年 1 月

25.【美】雪莉·特克尔，《群体性孤独》，浙江人民出版社，2014 年 3 月

26.【法】勒庞，《乌合之众》，中国华侨出版社，2012 年 6 月

27.【美】丹尼尔·卡尼曼，《思考，快与慢》，中信出版社，2012 年 7 月

28. 薛兆丰，《薛兆丰经济学讲义》，中信出版社，2018 年 7 月

29.【日】岸健一郎，《幸福的勇气》，机械工业出版社，2017 年 4 月

30. 周国平，《人生哲思录》，上海辞书出版社，2011 年 4 月

31. 王东岳，《知鱼之乐》，中信出版社，2015 年 12 月

32. 余灵灵，《哈贝马斯传》，河北人民出版社，1998 年 1 月

33.【法】托马斯·皮凯蒂，《21 世纪资本论》，中信出版社，2014 年 9 月

34.【美】罗杰·马丁，《责任病毒》，机械工业出版社，2019 年 8 月

35.【法】让·卢梭，《论人类不平等的起源和基础》，浙江文艺出版社，2015 年 4 月

36.【英】罗宾·邓巴，《梳毛、八卦及语言的进化》，现代出版社，2017 年 7 月

37.【美】詹姆斯·W·凯瑞，《作为文化的传播》，中国人民大学出版社，2019 年 4 月

38.【美】彼得·布劳，《社会生活中的交换与权力》，华夏出版社，1988 年 1 月

39.【奥地利】阿弗雷德·阿德勒，《自卑与超越》，沈阳出版社，2012 年 12 月